ZHENGFU
GONGXINLI
YANJIU

# 政府公信力研究

郝玲玲 著

吉林大学出版社·长春·

图书在版编目（CIP）数据

政府公信力研究 / 郝玲玲著 . -- 长春：吉林大学出版社，2021.8
ISBN 978-7-5692-8909-1

Ⅰ . ①政… Ⅱ . ①郝… Ⅲ . ①国家行政机关 – 行政管理 – 研究 – 中国 Ⅳ . ① D630.1

中国版本图书馆 CIP 数据核字 (2021) 第 190191 号

| | |
|---|---|
| 书　　名 | 政府公信力研究<br>ZHENGFU GONGXINLI YANJIU |
| 作　　者 | 郝玲玲 著 |
| 策划编辑 | 代景丽 |
| 责任编辑 | 杨平 |
| 责任校对 | 赵莹 |
| 装帧设计 | 刘瑜 |
| 出版发行 | 吉林大学出版社 |
| 社　　址 | 长春市人民大街 4059 号 |
| 邮政编码 | 130021 |
| 发行电话 | 0431-89580028/29/21 |
| 网　　址 | http://www.jlup.com.cn |
| 电子邮箱 | jdcbs@jlu.edu.cn |
| 印　　刷 | 长春市中海彩印厂 |
| 开　　本 | 787mm×1092mm　1/16 |
| 印　　张 | 11.5 |
| 字　　数 | 220 千字 |
| 版　　次 | 2022 年 5 月　第 1 版 |
| 印　　次 | 2022 年 5 月　第 1 次 |
| 书　　号 | ISBN 978-7-5692-8909-1 |
| 定　　价 | 48.00 元 |

版权所有　翻印必究

# 前　言

政府公信力属于政治伦理范畴，以公众对政府的信任为基础。增强政府公信力和执行力是推进国家治理体系和治理能力现代化的重要内容，也是持续深化行政体制改革，加快转变政府职能的应有之意。政府公信力的产生源于人们对"信"的理解和政府价值的追求，对政府公信力的理论探讨和实证分析是辩证统一的，对政府公信力的理论研究是政府公信力的本质和价值的应然性论述，对其进行理论探讨最终是要为我们在现实情境中提升政府公信力提供依据和思路。当理论界对政府公信力的理论界说尚存很多模糊地带之时，政府公信力的现实境遇及其对策研究，已逐渐成为学界关注和实践研究的热点。

本书通过对政府公信力问题的理论探源和政府公信力运行的机理阐示，系统梳理了政府公信力的历史变迁，以现代政府公信力的基本状况为依据，论证了政府公信力提升的根本途径，并在此基础上着力从现实的角度探讨了我国政府公信力建设的时代机遇与理性选择，以期为中国话语体系下政府公信力的理论完善和策略提升提供一些可行性思路。

# 目 录

绪 论 ............................................................................... 1
    一、关注政府公信力议题的重要价值 ............................ 2
    二、加强政府公信力基础研究的需要 ............................ 4
    三、本书研究的主要脉络 ................................................ 8

第一章 公信力及政府公信力：研究对象的探源 ................ 9
  第一节 公信力的内涵 .................................................... 10
    一、"公信力"的语义理解 .......................................... 10
    二、公信力的内涵理解 ................................................ 18
  第二节 政府公信力的界定 ............................................ 19
    一、政府与公信的联系 ................................................ 19
    二、政府公信力的定义 ................................................ 21
    三、政府公信力与政党公信力之辨析 ........................ 21
  第三节 政府公信力的特性 ............................................ 24
    一、政府公信力主体拥有公共权力并具有独立性 .... 24
    二、政府公信力主体与客体具有非对称性 ................ 26
    三、政府公信力的影响具有广泛性和扩散性 ............ 27

第二章 政府公信力的运行机理：逻辑、前提和要素 ...... 29
  第一节 政府公信力的理论逻辑 .................................... 30
    一、政府公信力的理论来源 ........................................ 30

  二、现代政府公信力的理论解释与补充 ..... 37
 第二节 政府公信力产生并存在的基本前提 ..... 46
  一、政治合法性的获取 ..... 46
  二、公共权力的制衡 ..... 49
  三、政府能力的认可 ..... 54
  四、政府与公众信任关系的确立 ..... 56
 第三节 政府公信力运行过程中的结构性要素分析 ..... 58
  一、政府：政府公信力的主体 ..... 59
  二、公众：政府公信力的客体 ..... 61
  三、输出与反馈系统 ..... 63

# 第三章 政府公信力的变迁：从管制型政府到服务型政府的演进 ..... 68
 第一节 政府角色转变与政府公信力变迁：从全面管制到有限服务 ..... 69
  一、作为统治者的政府及其公信力 ..... 69
  二、作为代理者的政府及其公信力 ..... 74
  三、政府角色转变的本质：从全面管制到有限服务治理观念的转变 ..... 76
 第二节 服务型政府：现代政府改革的价值取向 ..... 78
  一、市场经济体制下政府职能的适应性调整 ..... 78
  二、服务型政府理念对现代政府公信力的重塑 ..... 80
 第三节 服务型政府公信力的实现方式 ..... 82
  一、通过政治的民主化获得公信力 ..... 82
  二、通过行政的法制化维护公信力 ..... 83
  三、通过信息的公开化加强公信力 ..... 84
  四、以公务员的廉洁度巩固公信力 ..... 85
  五、以公众的满意度评价公信力 ..... 86

# 第四章 现代政府公信力的提升：制度保障与伦理教化 ..... 87
 第一节 政府与公众——政府公信力的两端 ..... 89

一、组织性的政府 ........................................... 89
　　二、人格化的公众 ........................................... 92
　第二节 政府公信力提升的根本途径：制度约束与有效监督 ........... 93
　　一、体制改革及制度的完备 ................................... 93
　　二、公众舆论与非政府组织的有效监督 ......................... 95
　第三节 政府公信力提升的社会环境：人与人之间的信任关系 ......... 96
　　一、培养社会公众的信用道德 ................................. 97
　　二、激励对社会有益的信任关系 ............................... 98
　第四节 政府公信力提升的基本策略：政治沟通与公民参与 .......... 100
　　一、加强政治沟通，促进政府公信力的成功传递 ................ 100
　　二、扩大公民参与，实现政府公信力的有效反馈 ................ 103

第五章 新时代中国政府公信力建设之路：机遇与选择 .............. 106
　第一节 新时代中国政府公信力建设面临的现实机遇 ................ 107
　　一、全球治理格局深刻变革彰显中国担当 ...................... 107
　　二、国家治理体系和治理能力现代化加速政府职能转变 .......... 110
　　三、反腐倡廉建设巩固政府整体信用效度 ...................... 112
　　四、公众参与能力加速政府社会管理创新 ...................... 116
　第二节 新时代中国政府公信力建设的理性选择 .................... 119
　　一、加强中国共产党对政府公信力的政治引领 .................. 119
　　二、坚定彰显政府公信力提升人民本位 ........................ 121
　　三、优化政府公信力建设的信用环境 .......................... 122
　　四、构建政府公信力建设的制度体系 .......................... 125
　　五、调整政府公信力建设的行为方式 .......................... 130
　第三节 积极探索政府公信力建设的网络平台 ...................... 145
　　一、网络问政之于政府公信力的价值分析 ...................... 145
　　二、政府在网络问政中的角色定位 ............................ 146

三、规范网络问政提升政府公信力的现实路径.................149
结　语.................163
参考文献.................165

# 绪 论

信任本身是一个心理学概念,如果说人与人之间的信任关系是社会学研究中的核心关系之一,那么政府与公众的信任关系则是政治学和行政学研究中的核心关系之一。政府公信力属于政治伦理范畴,以公众对政府的信任为基础。无论是在理论研究中还是在实践层面,作为掌握公共权力的政府一方需要获得作为公共权力来源的公众一方的信任,以体现执政的合法性,进而提升执政的有效性。公信力是政府拥有公权力的基本前提,已经成为深入人心的基本观念,公信力水平甚至作为一条基本的价值评判准则成为评价政府活动或行为的重要标准。政府获得公共权力是政府拥有公信力的前提条件,仅从政府公信力本身来看,就已经富含值得我们深思的丰富内涵和历史溯源。

从20世纪末到21世纪初,社会信任关系的相关研究又逐渐占据了社会学、心理学等社会科学理论研究中的显要地位,并运用了相当程度的经济学、统计学和计算机科学的相关研究方法。近年来,政治学、管理学和行政学也对这一研究领域进行了持续关注,其中以政府为研究核心的信任关系及公信力等研究成为理论界的研究热点。由于政府公信力本身不同于其他公信力,而是基于政治信任、群体信任等多重的信任关系之上的一种政府能力和资源,这使得政府公信力的研究具有很强的复杂性。政府公信力的理论研究是基于社会发展过程中政府公信力良莠不齐这一现实情境的反思,因此政府公信力的理论研究具有鲜明的实践指向和国别差异。

当前世界多极化加速发展,国际格局日趋均衡,在百年未有之大变局下,全球治理格局正在发生深刻变革,世界和平与发展的时代主题没有改变,但世界面临的不稳定性、不确定性明显增强,人类面临的各种挑战日益严峻。尽管全球发展面临着诸多不确定性和不稳定性，但中国发展所具有的引领作用已成为世界共识。中国在国家治理体系和治理能力现代化方面的努力，既为中国参与全球治理积累了经验，也在制度层面提供了保障和支撑。当前中国已经进入到改革的深水区，机遇和挑战并存。在这个时期，转型所造成的深层矛盾和问题逐渐浮现出来，社会结构的调整带来了社会利益的重新整合，中国特色社会主义进入新时代对社会主要矛盾的科学定义赋予了国家政治体制改革新的挑战和目标。我国改革的稳步深入、各项事业的健康发展，都离不开一个强有力的政府，而人民的信任才是政府强大力量的来源，拥有人民信任的政府可以举重若轻，失掉人民信任的政府必然举步维艰。中国改革开放四十余年的伟大成就证明，政府的高公信力在推动和保障社会主义市场经济健康发展和持续繁荣的同时，也为政府提供着更加从容的施政空间，可以减少政策推行的阻力和难度，可以节省政策推行的成本，进而在人民的广泛支持下推动改革的进程。随着网络时代的到来，政府公信力的生成环境和传播渠道也随之发生了适应性的变革，如何理性认识、正确把握和适时提升政府公信力亦成为扎实推进国家治理体系和治理能力现代化必须面对的课题。

## 一、关注政府公信力议题的重要价值

首先，政府公信力是政府获得政治合法性的重要依据。政府的合法性主要取决于政府产生的合法性和存在的合法性。"人民主权"的宪政原则是政府诚信的法理依据，政府及其公务人员在行使公权力时做到诚实守信、遵宪守法、践行承诺，才能实现人民组建政府的目的。[①] 政府信用是社会信用体系的核心，政府信用也是政治合法性的根基，两者是正相关关系。对政治合法性的内涵在不同时代有着不同的理解，尤其在经济增速发展的情况下，合法性与有效性的关系成为稳定政治秩序的基本支柱，其中政府信用状况决定了政治合法性程度，而政治合法性程度是决定政府维持或更迭的最重要因素。正像有学者指出的那样，政府公信力实质上是群众对政府履行公共职责情况的评价，也是对政府合法性的检验，较高的政府公信

---

① 王策. 诚信政府建构论 [J].《社会科学辑刊》, 2005(6):43–44.

力能够增强群众的社会信任感和归属感，进而增强政府存在的合法性。①

其次，政府公信力对中国特色社会主义市场经济高效运行有着重要价值。政府和市场都是历史和社会的范畴，在不同历史阶段和社会制度下，其性质、地位和相互关系是不一样的，两者处于动态变化的过程之中。在认识和处理政府和市场的关系问题上，社会主义国家不同于资本主义国家，发展中国家不同于发达国家。经济制度是同政治制度结合在一起的，这种结合决定了中国特色社会主义市场经济要符合社会主义经济中生产资料公有制、按劳分配、计划调节、统筹兼顾、独立自主、共同富裕等制度的要求。推进社会信用体系建设，加强诚信建设、营造公平诚信的市场环境和社会环境，是为发展社会主义市场经济提供支撑的现实诉求。社会主义市场经济的发展有赖于政府维护市场规则和秩序、弥补市场的缺陷和不足。政府作为市场秩序的维护者，也是社会信用的引导者，对规范和引导全体社会成员遵守市场规则，建立普遍信任有重要作用。②政府的诚信行为可以为市场提供"有形"调节和统一的评判标准，平衡社会主体间的利益冲突，促进市场经济健康发展。③

再次，政府公信力对于社会的和谐、稳定及健康发展具有重要作用。加强政府信用建设是构建社会主义和谐社会的重要组成部分，也是构建社会信用体系的关键。政府公信作为一种主观自愿机制，同公共权力的强制机制一起维持社会的稳定和秩序。它可以通过信任的简化程序在政府与公民之间架起一座桥梁，在复杂的风险社会中维持政府与公众关系的持续性，构成整个社会稳定的中枢。④政府如果没有公信力，作为社会成员的公众都会选择放弃通过公共权力来维护自身的利益，转向使用个人私权寻求自我保护，社会的不稳定因素就会增多，从而限制社会的有序健康发展。

最后，政府公信力对推进国家治理体系和治理能力现代化具有重要意义。"国家治理体系和治理能力现代化"，是一种全新的政治理念，表明我们党对社会政治发展规律有了新的认识，是马克思主义国家理论的重要

---

① 乔治·弗雷德里克森.公共行政的精神[M].张成福,译.北京:中国人民大学出版社,2003:162.
② 唐铁汉.提高政府公信力建设信用政府[J].中国行政管理:2005(3):8-10.
③ 王策.诚信政府建构论[J].社会科学辑刊,2005(6):44.
④ 绿色公务员考试网.李祖华谈申论最新热点_政府公信力[EB/OL].[2006-07]. http://www.gwytest.com/.

创新，也开创了国家治理的崭新局面。从实践上说，治理改革是政治改革的重要内容，推进国家治理体系和治理能力现代化，势必要求健康的政府公共关系、民主的政府决策、规范的政府行为，尤其是良好的政府信用能力，这是政府管理职能和效能提升的应有之义，也是政府为公众提供及时高效的社会公共产品和公共服务的主体诉求。

## 二、加强政府公信力基础研究的需要

政府公信力包括公众与政府两个方面，在实践上与社会经济、政治、文化等各方面发展密切相关，在理论上与社会学、心理学、政治学、行政学、伦理学等学科都有联系。严格的学科背景界定和明确的研究角度对政府公信力研究非常重要，缺乏基础性研究，就缺乏正确的方向、统一的语境和学术沟通的平台，势必会影响研究的现实性和针对性。实际上，政府公信力问题是一个同政治、经济密切联系的理论问题，还是一个涉及公共权力、社会构成的复杂问题。为此，应综合运用社会科学和自然科学的研究方法，将政治学理论、系统研究方法、逻辑分析等纳入政府公信力研究创新的视野。

理论界对政府公信力研究总是伴随着政府诚信、政府信用、政治信任等研究进行的，都以对信任的研究为基础与核心。西方传统中诚信理念具有一定的契约观念基础，如西塞罗利用其词源学意义，把"信用"解释为"行其所言为之信"，此语相当于汉语中的"言必信，行必果"；"信用"是"对承诺和协议的遵守和兑现"等。西方对于政府信用理论的研究也已经有150多年的历史，总体上形成了社会学、政治学、行政学和经济学等不同视角和相应的理论基础，但基于不同学科背景，国外学者对信任的理解至今没能达成共识。

以社会学为视角的研究方面，美国心理学家 Deutsch 通过囚徒困境中的人际信任实验，对人际沟通过程中的信源可信度进行了研究，开创了社会心理学中信任研究的先河；社会学家齐美尔在1900年出版了《货币哲学》一书，强调了信任在社会生活中的主导性地位，认为信任促进了交换，并且是社会中重要的合成力量；福山在《信任：社会美德与创造经济繁荣》

中分析信任对增强组织间竞争力、促进经济发展的重要性，把信任和传统、习俗、伦理道德、文化交织在一起，开辟了经济学关于信任研究的一个全新方向，即信任的经济文化研究的先河，推动了信任研究的发展，将信任问题的研究推向顶峰；卢曼把信任分为两个方面：人际信任和制度信任，前者建立在人与人之间感情联系的基础上，后者则是用外在的像法律一类的惩戒式或预防式批判来降低社会交往的复杂性。民众对政府的信任显然属于制度信任的范畴。罗素的《对政府的信任》一文讨论了个人与制度之间的信任问题，在《我们要信任政府吗？》中阐述了社会公众信任政府的一些基本问题，并以"暗含利益"为核心概念分析了民主与知识、政府能力与信任、代表与官僚机构、民主与信任等问题，指出公众对政府的信任程度与民主并没有太大的关系。[①] 卢曼、巴伯、科尔曼、吉登斯、列维斯等学者注重考察社会关系、社会体制、具体情境对信任的影响，从宏观层面上探讨信任关系。

　　以政治学为视角的研究方面，对政府诚信的研究主要集中在讨论社会契约和政治合法性的问题。社会契约论是近代西方政治哲学中最具影响力的有关解释国家起源及其合法性基础的学说。霍布斯、洛克、卢梭作为社会契约论的杰出代表，他们的理论在逻辑上皆认为人民是所有权力的持有者，人民让渡了所有的或部分权力给国家，并不表示人民必须对国家完全服从，如果国家失去了兑现承诺的能力，违反契约，人民可以收回他们让渡的权力；马克思主义经典作家也从不同的角度论述了政府信任和政府的合法性问题。首先，他们强调了政府权威的合法性来源。马克思、恩格斯认为，只有当被统治阶级认同并默认了政治统治的"合理性"之后，政治统治才得以维持。其次，政治合法性理论。马克思、恩格斯十分注重无产阶级的政治统治。在《共产党宣言》中，马克思、恩格斯强调，共产党人不是同其他工人政党相对立的特殊政党。他们没有任何同整个无产阶级的利益不同的利益。列宁强调普遍吸收劳动者参加国家管理的理论。他强调，无产阶级政党只有不脱离自己领导的群众并且真正引导全体群众前进时，才能完成其先锋队的任务。一个政党要善于说服大多数人民相信其纲领的

---

① 陈丽君,张存如.政府公信力的源泉和基础——西方政府诚信研究及其启示[J].中共宁波市委党校学报,2008(3):27-28.

正确。列宁的这些思想，实际上指出了无产阶级政党和无产阶级政权取信于民的途径。可见，马克思主义经典作家的国家社会职能理论、政治合法性理论、劳动者参与理论，涵盖了政府信任的思想，指明了政府和公众之间的信任关系确立的前提，对我们探析提高政府公信力的途径具有重要的指导意义。

以行政学为视角的研究方向，对政府诚信的研究主要表现在通过对科层制的批判和现实信用体系的构建，以探索公共行政改革的新思路。以马瑞尼的《迈向新公共行政：明诺布鲁克的观点》和瓦尔多的《动荡时代的公共行政》为代表的新公共行政学派，倡导公共行政的社会公平是要推动政治权力以及经济福利转向社会中那些缺乏政治、经济资源支持，处于劣势境地的人们。新公共行政理论关心民主行政，注重行政伦理，重视行政人员的伦理责任和价值观念。把社会公平作为塑造行政人员价值观的重要理念，对提升政府公信力具有借鉴意义。

以经济学为视角的研究方向，大量不同流派经济学家研究了诚信、信用以及信任之间的关系和行为原理。经济学家亚当·斯密早在《道德情操论》中就提出了诚信对于市场经济的重要性，他说："……诚实、公平、正义感、勇气、谦逊、公共精神以及公共道德规范等，所有这些都是人们在前往市场之前就必须拥有的"；诺思认为自由市场本身并不能保证效率，一个有效率的自由市场除了需要一个有效的产权和法律制度相配合外，还需要具有诚实、正直、合作、公平、正义等良好道德的人去操作；信息经济学认为，如果交易双方能对称掌握完全的交易信息，就可以降低交易成本，从而达到资源配置的帕累托改进。但现实经济社会的交易多发生在信息不完全对称的条件下，这使交易产生了风险，也使人们可以按机会主义的方式行为；制度经济学认为，制度是一系列人为设定的约束和规范人们相互行为的规则，其主要功能是节约成本、促进秩序。失信行为发生的原因在于现有制度存在缺陷，减少失信行为的关键是构造出经济人讲信用收益大于不讲诚信所付出成本的制度；博弈理论认为，市场主体选择诚信或不诚信行为都是追求自身利益最大化的结果。在一次的简单博弈下，双方都会采取欺诈策略，构成优势策略均衡；但在重复博弈中，双方迟早会认识到，与其搞欺诈获得短期利益，不如实行诚信交易以求双赢。有鉴于此，诚信行为的发挥须具备以下几个条件：交易必须在重复博弈的情况下、具备完善的退出机制、具备流畅的信息传递渠道、不诚信的行为能被及时地发现、具有惩罚机制、对不诚信行为进行惩罚等。① 应该肯定，这些治理模式和理论观点，适应当代公众对政府信任的要求，为我们探析政府如何赢得公众的认同，提高现代政府的公信力，提供了可以借鉴的途径选择和政策主张。但是，这些主张都是以弱化政府的控制职能为特征的，我们必须结合我国的国情、目前公民社会的发育水平和社会主义市场经济的成长水平加以扬弃。

我国政府公信力的研究还处于刚刚起步的阶段。对政府公信力研究从学理上是对学术界已有的政治信任和公共信任研究成果的拓展和深化，从实证上是对世界各国政府治理变革和推进我国国家治理能力现代化和建设服务型政府的积极回应。2002年，党的十六大报告中首次明确提出建构"信用中国"。一时间，学者们纷纷将社会信用、政府信用、商业信用等问题作为研究的崭新热点，频频润墨。十余年来，国家信用、政府信用以及社会信用体系的提出及其构建的理论探索显著增多。政府获得公众信任的能力是整个社会信用体系的一个有机组成部分，它的形成、发展和整体状况影响甚至带动着整个社会信用体系的运行，从以往的研究成果来看，由于缺少对政府公信力从形成到运行过程的深入、系统思考，总体来说，我国政府公信力建设研究尽管取得了可喜成果，但其局限性也较明显，主要表现在下列三个方面：一是虽然有了不少零散的研究成果，但系统研究的成果少；二是重视政府公信力与政府信用、政府诚信的相关性研究，政府公信力的特殊性研究比较薄弱；三是就政府公信力来研究政府公信力，没有系统、深入研究政府公信力与政府管理发展之间的内在联系，把政府公信力研究从政府管理理念的层面提升到政府管理制度的层面，实现政府公信力研究与政府管理发展研究的双向互动。

---

① 陈丽君，张存如.政府公信力的源泉和基础——西方政府诚信研究及其启示[J].中共宁波市委党校学报，2008(3):28.

## 三、本书研究的主要脉络

透过以上三点薄弱环节我们可以发现,虽然政府公信力已经成为政治学和行政学研究领域的热门研究对象,但是,对于政府公信力的理解和阐释依然存在着可能的理论空间和必要的研究领域,对政府公信力准确、深入并系统的分析与再认识,应该成为公共行政研究与实践中的重要突破之一。鉴于此,本书以政府公信力为研究对象,针对当前政府公信力研究的争论和误区,结合已有研究成果重点选取了以下几个问题进行深入探讨,分别是:"公信力及政府公信力:研究对象的探源。首先是对中西传统文化中政府公信力的蕴意进行了解读,探寻了政府公信力的思想源头,同时对政府公信力的内涵及其相关易混概念进行了辨析,并对政府公信力的理论不足进行了必要的补充";"政府公信力的运行机理:逻辑、前提和要素。以政府公信力的理论逻辑为前提,通过对政府公信力的存在前提和结构性要素进行分析,阐述了政府公信力的运作机理,尤其强调主客体输出与反馈的重要性,探索了现代政府公信力的运行规律";"政府公信力的变迁:从管制型政府到服务型政府的演进。对政府公信力的变迁过程进行梳理,指出政府公信力衰退的现实情境,并从政府公信力的基本要素入手,在理论上论述了提升政府公信力的根本途径";"现代政府公信力的提升:制度约束与伦理教化。从人格化的公众和组织性的政府两方面探讨了政府公信力的提升策略"以及"当代中国政府公信力建设之路:机遇与选择"。

政府公信力的研究是一个位于政治学、社会学、哲学包括经济学等多学科交叉领域的前沿问题,由于研究内容极其广泛,一本著作的研究不可能涵盖所有政府公信力的研究领域,由于研究视角多元繁杂,对政府公信力理论体系的把握有一定难度。因此,所有对书中关于政府公信力议题的探讨、建议和批评,不仅是对此研究的积极促进,也是这本著作研究的最大价值,都将受到真诚的欢迎和重视。

# 第一章 公信力及政府公信力：研究对象的探源

"作为概念澄清的主要根源之一的理论框架的完善被人们所忽视，诸多的研究不过是重复众所周知的观点，并没有给信任关系的特殊性带来任何新的洞察。"①

——尼古拉斯·卢曼

---

① 尼古拉斯·卢曼.熟悉、信赖、信任：问题与替代选择[J].国外社会科学,2000(3):162.

对于公信力的理解和认识是本书研究与分析的起始。从中国与西方文化中对于公信力核心词语的理解和诠释出发,去探求研究对象的思想来源,并以此为基础探究公信力的内涵。然后,将政府这一要素引入研究之中,做出对政府公信力概念的厘定,并深入探讨政府公信力自身独有的特性。

## 第一节　公信力的内涵

中国是产生公信最早的国家之一,自古以来就是一个充满信任的国家。我国古代"仁、义、礼、智、信"五常之中,"信"为其一。"信"对中国人的心理和行为具有重大影响。[①] 仅从观点分析的方法来看,中国传统文化对信任的积极因素可以为我们理性判断中国社会的信任程度和公信力的生存状态提供基本的历史脉络和文献依据。本书研究的政府公信力,属于公信力的一个特殊范畴,因此,在探讨政府公信力之前,首先需要对公信力及其思想来源进行理论释义和文本考察。

### 一、"公信力"的语义理解

要真正理解一种事物的含义,最有效的方法之一是从语义或文献中寻找答案。"公信力"一词可分解为"公""信"和"力",其中又以"信"为核心,对公信力的语义理解必须从"信"开始。

（一）中国传统文化中对"信"的诠释

《尔雅》被认为是中国历史上第一部解释词义的书籍,其对于信的解释为"诚"。许慎的《说文解字》也这样解释"信":"信,诚也,从人从言。"《康熙字典》对信的解释为:"愨[②]也,不疑也,不差爽也。"从《尔雅》《说文解字》《康熙字典》等中国古代词典中我们发现,对于"信"的理解都是从"诚"出发,而以诚释信含有明确的道德指向。因此,可以认为中国对于"信"的理解一直具有道德倾向,直到今天也依然如此。[③]

---

① 参考张维迎著《信息、信任与法律》生活·读书·新知三联书店 2006 年 9 月版第 9 页的相关论述。
② què,意为诚实,谨慎;法正则民～。
③ 《现代汉语词典》对信的解释是:（1）确实;（2）信用;（3）相信;（4）信奉（宗教）;（5）听凭,任意,放任;（6）凭据;（7）按照习惯的格式把要说的话写下来给指定的对象看的东西、书信;（8）信息;（9）引信;（10）同"芯";（11）姓。严北冥编著的《哲学大词典·中国哲学史卷》将信解释为:诚实不欺,有信用。

第一章 公信力及政府公信力：研究对象的探源

这成为中国人对"信"的独特认识之一，以至于在我们日常生活中，"信"常和"诚"连用，以"诚信"的词语形式出现，作用范畴集中在人的道德领域，并且发展成为一种思想深入到中国传统政治文化之中，这种对"信"的诠释与政治结合后对中国政治发展产生了深远影响，这也是中国政治思想史中道德和政治密不可分的体现之一。

作为一种思想存在的"诚信"在中国早期文献中已有所体现，如《诗经》等把诚信作为行礼必备的品格，纳入礼的框架之中。① 此品格最终通过礼制上升到国家层面。关于"信"对于国家统治的功用，《左传·襄公篇》明确进行了阐释和强调，同时分析了怎样达到"信"的问题，也对我们研究我国早期国家公信力问题有较大的参考价值。例如，左传载襄公八年："小所以事大，信也。小国无信，兵乱日至，亡无日矣。"意思是小国能够在大国的威胁下生存，一定要守信，小国的国君不守信，离灭亡就不远了。左传载襄公二十二年，晏平仲言于齐侯曰："商任之会，受命于晋。今纳栾氏，将安用之？小所以事大，信也。失信不立，君其图之。"弗听。退告陈文子曰："君人执信，臣人执共，忠信笃敬，上下同之，天之道也。君自弃也，弗能久矣！"其意是，国君不信，则臣不忠，不敬，统治必不能长久。尤其是对于小国来说，切不可违背盟约。左传载襄公七年："弗躬弗亲，庶民弗信。"意为国君不仅要守约，还要身体力行，只有爱民，才能赢得百姓的信任。

使中国的"诚信"观念趋于成熟并且最终上升为一种政治统治手段的是儒家思想，儒家思想使诚信获得了比较系统化的理论形态。当然，儒家也是从道德出发探讨"信"在社会生活中的作用，逐渐融入我们所熟知的"三德""四德""五常"之中。其演进的过程是这样的，孔子首先认为君子之道有三："仁者无忧，知者无惑，勇者无惧。"孔子之后的孟子又提出"四德"说，即"恻隐之心，仁也；羞恶之心，义也；恭敬之心，礼也；是非之心，智也。"儒家的另一重要代表人物朱熹在"四德"的基础上加上了"信"，与"仁、义、礼、智、信"合称为五常。在这个演进过程中，"信"的思想逐渐被人们从道德层面上接受，作为古人执政、处事与和人交往的重要法则而备受古代先贤的推崇。至此，儒家最终将"信"视为"进德修业之

---

① 《国语·周语上》提道："礼所以观忠、信、仁、义也……信所以守也。"

11

本""立人立政之本"的至上道德。

以儒家为代表的传统文化中的"信"对中国古代政治产生了深远的影响。《尚书》作为另一部儒家经典文献就曾经七次不同程度地提到了"信",如"昔君文武丕平,富不务咎,厎至齐信,用昭明地于天下。"①是对当时的先君文王和武王政务公平,赏罚分明,致力于推行中正和诚信之道的描述。在描写帝尧时用到了"允恭克让,光披四表,格于上下"。②这里的"允"字也同于"诚信"之意。③我们发现,《尚书》中"信"的内容主要是以下两个:首先是讲信用、诚信,这主要是道德层面的理解,指君子贤人追求的一种高尚的品格与德行;另一内容则倾向于政治统治角度,得信可得天下,失信则失天下,可见《尚书》中对"信"的理解已经非常深刻了。在儒家传世经典《论语》中,"信"实际上是孔子构建的以"仁"为核心的道德规范体系中不可分割的重要的理论范畴。孔子所说的"能行五者于天下者为仁矣"。④"恭则不侮,宽则得众,信则人任焉,敏则有功,惠则足以使人。""弟子入则孝,出则弟,谨而信,泛爱众,而亲仁。"⑤表明其已经把"信"与"敬老""仁善"等品质一样都归于"仁"的道德体系中,"信"已经是个人道德好坏的重要评价标准。这个道德标准主要用于人际关系中,与朋友交往办事要守信用被儒家看作与人交往的原则。《论语·学而》提到"与朋友交而不信乎?",并要求每人每日要检视自省,因为人若想取得朋友或其他人的信赖只有靠日常对于诚信的约守,所处办之事才能顺利和谐。孔子更把取得朋友的信任与支持作为自己为政志向和人生理想之一。⑥

在中国的政治思想史中,道德与政治是密不可分的。儒家思想将道德置于治理国政过程中的显要地位,主张"为政以德"的治国思想,并把"信"作为为政理国的重要手段。儒家认为要治理一个大国家,所谓"道千乘之国",要严肃认真地处理政事,讲究信用,所谓"敬事而信"。⑦儒家主

---

① 李学勤.尚书正义:十三经注疏(标点本)[M].北京:北京大学出版社,1999:22.
② 李学勤.尚书正义:十三经注疏(标点本)[M].北京:北京大学出版社,1999:22.
③ 许慎的《说文解字》中说:"允,信也。从儿,㠯声。"这样用"允"字表达"信"之意思的句子,在《尚书》中有十余处。
④ 这里的五者,指恭、宽、信、敏、惠。论语.中华经典藏书[M].北京:中华书局,2006.
⑤ 论语.中华经典藏书[M].张燕婴,译.北京:中华书局,2006:62.
⑥ 基于笔者对于"朋友怀之"的理解。参考论语.中华经典藏书[M].张燕婴,译.北京:中华书局,2006:64.
⑦ 论语[M].张燕婴,译.北京:中华书局,2006:64.

第一章 公信力及政府公信力：研究对象的探源

要是从统治者对民众的治理角度论述"信"的。《论语》记载"子贡问政，子曰：足食，民信之矣。子贡曰：必不得已而去之，于斯三者何先？曰：去兵。子贡曰：必不得已而去，于斯二者何先？曰：去食。自古民皆有死，民无信不立。"① 可以看出，孔子及其代表的儒家思想把"信"置于"兵"和"食"的地位之上，以"信"作为治国为政的一项重要原则，一个国家的前途和命运也与"信"有着密切的联系，统治者要千方百计取信于民，才被认为适合治理一个国家。

中国传统政治思想对于"信"的认识，更多的是从君主加强自身道德诚信的角度以及对公众统治的角度说的，而对公众的要求则很少。研究判断，中国最早系统论述"公信力"作用逻辑的是孔子，其曰："上好礼，则民莫敢不敬；上好义，则民莫敢不服；上好信，则民莫敢不用情"，② 意思是若为政者讲求诚信，则民众也会真心待人，礼遇尊敬。儒家的这种主张是对统治者的一种规劝，要求为政者要对老百姓言行一致，诚实守信，最终赢得民众的拥戴。这是对当时政府公信力的一种诉求，"信"在此时并不仅仅是做人的根本道德了，也成为治国治民的有效手段。

主张王霸之道的儒家的另一代表荀子，也同样强调"信"在王霸之道中的运用和功效。荀子认为国家的统治者，树立礼义即可称王于天下，树立威信即可称霸于天下，但是玩弄权术最终将导致覆亡。"用国者，义立而王，信立而霸，权谋立而亡。"③ 荀子向往的是天下统一的政治格局，认为必须建立一个强大的国家，此强大以"王"和"霸"为标志，荀子"信立而霸"的思想足以证明"信"在其治国思想中的重要地位。

除儒家以外，法家的韩非子同样提出"小信成则大信立，故明主积于信"，表达了"信"与国家治理的关系。管仲的"先王贵诚信，诚信者，天下之结也"也有此意蕴。春秋时晋文公在讨伐原国前，曾规定三军准备三天的军粮，若三天打不下来则撤兵。实际上却打了三天而没有攻下，将领纷纷要求再宽限数日必定攻占原国，晋文公驳回，曰："信，国之宝也，民之所庇也。得原失信，何以庇之？"比起计较一城一池的得失，古代统治者判断"信"更为重要，因为"信"关系到统治的根本。准确地说，在

---

① 论语：中华经典藏书[M].张燕婴，译.北京：中华书局，2006：67.
② 论语：中华经典藏书[M].张燕婴，译.北京：中华书局，2006：66.
③ 荀子：荀子·王霸[M].安小兰，译.北京：中华书局，2007：121.

中国漫长的政治思想史中,"民无信不立"更多的是统治者政治实践所得的经验。

中国传统文化对于"信"的诠释,有以下几个方面的特点:

首先,中国传统文化极其重视"信"的价值,并且形成了较为系统的理论范畴。关于信与为人的关系、信与利益的关系、信与仁义的关系、信的作用、信的影响等都已经有相当多的先贤根据当时的时代要求进行了阐释和论述。

其次,中国传统文化中的"信",带有浓重的道德韵味,尤其重视对个人道德的约束,认为"诚信"是立身之本,无论是"信用"还是"信任",主要指的都是一种道德层面的认同。儒家文化更是把"信"和"义","信"和"礼"结合起来,把"信"彻底道德化。

再次,当个人道德的"信"上升到"公信"层面时,往往具有明显的功利色彩。我国古文中相当多地对"信"的统治功能进行了论述,比如对国君强调"信"对治国的重要性,对国家强调"守信"对于避免外患的重要性,对国民强调"忠信"的重要性等。笔者认为,这种"信"的功利主义运用降低了传统文化中"信"的价值,并且使"信"的内涵较为狭隘,更多的是一种工具的理解而非一种关系的说明。

(二)西方以"信任"为核心的词语解析

西方的"信任"较早地应用在信托和契约的运行中,成为西方社会的基石之一。在作为主要语言的英语中,以"信任"为核心意思的词语主要是"trust""confidence"和"faith",三者虽然都以"信任"为核心意思,但是仍然有一定的差异,在用法上也各不相同,因而表达的语义也不尽相同。"trust"是相对常用的词汇,用来表示建立在不确定证据上的深处即确定的情感,[①]是一种基于心理的描述;"confidence"则不带有浓厚的感情色彩,往往指具有使人确信的充分理由;而"faith"是纯粹的感情上的"信仰",不需要基于心理和基于理由的证据而确信。所以,国内对于三者的翻译习惯于将"trust"译为"信任",将"confidence"译为"信赖",而将"faith"译为"信仰。从程度上说,"trust"信任,往往是一种判断,即"可

---

① 本文对于"trust""confidence"和"faith"的字面解释出于《21世纪大英汉词典》,中国人民大学出版社,2005。

第一章
公信力及政府公信力：研究对象的探源

以相信而敢于托付"，就是我们常说的信托①；"confidence"信赖，常表示客观信任，有"信任并依靠"的含义；而"faith"指"对某人或者某种主张、主义、宗教极度相信或者尊敬，拿来作为自己行动的榜样或指南"，应该已经超出了我们要讨论的"信"的范畴。

对以上三个以"信任"为核心意思的词汇进行分析，"trust"应理解为是一个心理学词语，20世纪初它的法律意义被凸现出来，大不列颠百科全书直接把它当成一个法律术语来解释②，意思是"信托"，与西方的"契约"有着密切的关联，随着市场经济的发展与成熟，其在经济生活中运用的广泛性大于在公共生活中的使用；"confidence"语义中的"有使人确信的充分理由"，使它的实现条件变得极为苛刻，因为社会生活与自然科学领域不同，对事物的确信往往都证据不足，所以人们逐渐用"较小的不确定性"形容"confidence"的含义；而"faith"自西方中世纪以来的宗教改革之后，更多的是一种"存在于私人领域的现象"，③并且这种全情感信任在现代

---

① 《牛津英语词典》第2版在"信任"（trust）词条下有七个条目：①对某个人、某个事物的品质和属性或某个陈述的真实性的相信或依赖。②对某事物怀有自信的期待。③义务、忠诚和可信赖性。④对于一个买者拿现货而将来付钱的能力和意向的信心。⑤对寄托某人具有信心的状况，或被托付某事物的状况。⑥法律将财产的合法所有权信托给某人，由他为了另一个人的利益掌握和使用这笔财产。⑦商业托拉斯。在这七个条目中，第1条是从哲学认识论和本体论角度解释的，即相信关于事物的观念和事物自身的一致性。第2条的解释内容类似于信赖（confidence）。第3条解释含有道德和宗教成分，比如《圣经》中提到的对上帝的信任，传统中国社会对皇帝的忠诚、效忠等。第4条解释是现代经济学意义上的信用（credit），包含着"时间差"。第6条强调"信托"，作为法律术语，信托实践出现的历史很早，原始的信托行为起源于数千年前古埃及的遗嘱托孤。信托的概念则源于《罗马法》中的"信托遗赠"制度。
② 《大不列颠百科全书》（2005年版）对"trust"一词这样解释：在英美法中，"trust"指的是人们之间的这样一种法律关系：一方有管理财产的权力，另一方有从那种财产中受益的特权。这就是"信托"。在英美法中，信托有着实践上的重要性。一般来讲，信托分为书面信托和指定信托。作为信托双方的受托人和受益人，在法律上是以两种不同的权利做出区分的。受托人拥有法律上的所有权，受益人拥有平衡法意义上的所有权。受托人有基于信托的义务为受益人利益考虑行使这些权利。最初的信托典型地发生在家庭转让财产以及一些慈善性质的赠送事例中。通过遗嘱或者契约确立信托关系是一种主要的形式。后来，信托在商业领域发挥着非常重要的作用。可见，"trust"主要是一个法律用语。
③ 根据《大不列颠百科全书》（2005年版）的解释，"faith"主要指的是一种内心的态度，确信不疑，在基督教神学中，表现为对上帝的信仰。在圣经希伯来语中，信仰具有裁判的性质，强调上帝和以色列人签订了条约，信徒要忠于这些条约。在基督教中，上帝和人的关系是用"立约"的观念来加以说明的。在人与人之间的契约之前，就已经存在人与上帝的契约。不管是《旧约》中还是《新约》中，这种人与上帝的契约包含着一种形式上平等的思想，子民如果守约，上帝就保佑他们。《旧约》强调形式和仪式，逐渐演变成古板的教条。《新约》更强调要使约的观念深入到每个人的内心之中，而形式则可以简化和忽略。旧约是刻在石板上的，新约是刻在心板上的。在基督教文化中，信仰宗教与守约结合在一起，《新约》丰富了约的类型，提高了约的地位，对守约提出了更高的要求。这在实践中有助于信徒养成守约的习惯，有利于信任文化的出现和形成。

15

社会中的重要性已经不像以前那样大了。当前我们探讨的"信"主要存在于公共领域,所以"trust"更符合我们的研究和现实处境,即必须有一定的理由和信息让我们相信,有具有许多不确定因素的一种信任。重要的是我们对于事物信任的主动权掌握在我们自己手中,我们有权选择相信或者不相信,并以此决定是否把我们的权利或权力让渡和委托出去。

文艺复兴后的西方社会,资本主义经济、政治有了极大发展,科学技术不断更新,西方的"信任"思想开始根植于社会伦理思想当中,并继续推动了现代社会的形成与发展。其表现是以自然法理论为基础的政治哲学逐渐占据主流,代表人物是霍布斯、卢梭、洛克,发展到近现代又以亚当·斯密和马克思·韦伯为代表,他们对于"信任"的理解代表了西方传统思想对于信任的解释与运用,并且能够解释信任在公共生活中的运行逻辑,在后文中,笔者还将在公信力的理论逻辑部分进行详细阐述和分析。

通过对西方以"信任"为核心的词语解析,我们发现中西方对于"信"的理解在语义上就已经出现了明显的差别,这些差别直接导致中西方给予"信"的内涵和"信"的地位都必然有所不同。这主要可概括为以下几点:

其一,西方对于"信"的理解产生于宗教,具有一种超越道德的意味,虽然随着现代社会的发展,西方的信任思想已经脱身于宗教之外服务于社会,走向了与法律联系在一起的现实实践路径。这使西方的"信任"强调的是一种"有约束"的关系,而非中国传统文化的"信"强调的是一种"有功用"的道德。

其二,西方对于"信任"的理解是基于一种"关系"的理解,其强调信任的双向作用;而中国对于"信"的理解是基于一种"道德"的理解,其强调信任的单向作用。这使得西方的"信任"关系能够更多地运用到公共领域,并用法律予以规定。

其三,西方对于"信"的理解和"契约"有着密不可分的关系。即使在宗教信仰层面,"信"被认为是要遵守个人与上帝或神之间的约定。而在现实层面,人与人之间的信任关系常常基于双方或多方订立的契约关系。这就使得西方社会中的契约实践比较活跃。在中国传统文化中"信"的理解下,"信"和"约定"联系并不紧密,"诚信"仅仅是从个人的角度来看待,

使得中国社会的道德标准往往以个人或家族（氏族）信用为基石，多强调道德情操而非制度约束。

中西文化对政府的观念有很大区别。西方现代国家建立的基石是资本力量对国家机器的俘获，政府本身并不能代表全体民众的公共利益，政府实际上是管理资产阶级共同事务的委员会。资本与政府之间是一种非常微妙的关系。不管在国内统治还是在国际竞争中，每当资本面临敌人时就需要政府的护航，每当资本占据优势时就希望摆脱政府的束缚。例如，西方国家资本集团在列强竞争时期主张重商主义，在霸权扩张时期则主张自由贸易；在冷战初期主张大政府和福利国家，而在赢得冷战主动权之后则主张新自由主义和经济全球化；在国内冲突高涨时政府直接出面干预，而在矛盾缓和时则退居幕后，营造国家公共性的假象。为了能够收放自如地利用政府而又不被政府权力反噬，资本利益集团创造出一套以个人主义和自由主义为基础的意识形态话语。他们将政府与社会、公权与私权对立起来：政府是一种"必要的恶"，政府最大的危害是对自由的约束，同时又强调自由是一种个人本位的权利。于是，个人与政府之间被塑造成一种以矛盾对立为主的关系。

现代中国国家建构路径与西方国家完全不同。中国国家建构的基础是5000年的文明传承、百余年的民族解放和自强运动、70年的社会主义革命与现代化建设。这意味着国家和政府在中国人的心目中有着与西方文化中截然不同的地位。首先，中华文明是在各民族不断融合发展的过程中孕育形成的。多民族融合的过程需要统一而有效的国家来为"斯土斯民"提供普遍的秩序、安全和福利。其次，近代的民族自强和解放是要应对"三千年未有之大变局"，救亡图存，避免亡国灭种。虽然当时国力衰弱，但人们依然希望有强大的国家来凝聚起民族力量，实现社会的组织化。再次，新中国成立以后，中国人民要建设国家、实现社会主义现代化和中华民族的伟大复兴。无论从中国传统政治思想还是从每个阶段的历史重任来看，中国社会都不是个体至上的，个人利益永远不能凌驾于人民的整体利益。因而，中国人理解的国家和政府是公共利益的代表，其目的是防止任何个体和集团凌驾于社会整体利益之上。在中国文化中，更强调个人、社会和国家的统一性而非对立性。

### （三）"公信"与"公信力"的语义解读

"公信"和"公信力"都是合成词。"公信"在英文中应被翻译成"public trust"，在汉语中还是一个较新的词语，从笔者掌握的材料来看，"公信"以及"公信力"在《辞海》《现代汉语词典》等权威汉语工具书中的解释尚不能准确解释其内涵和实质，因而对其每一个合成源进行考察是必要的。具体从每个构成汉字的意义出发，结合上文对核心词"信"的解析，可以对"公信"和"公信力"这两个词汇的内涵有一个基本的解读。

从字面理解，"公"向我们说明了这两个概念所指向的对象；"信"在这里表达了公众所采取的行为，即公众对事物的一种评价和判断。前文提到，英语和汉语表达"信"的方式有所不同，经过分析最终回到我们所处的汉语语境下进行解读，"信"含有信任、相信、信赖的意思，表达了具有一定理由的相信的心理活动，并且有一定的不确定性。

对于"力"的解读应该从两个角度来看，它在《现代汉语词典》中的第一个含义是物理学意义上的"物体之间的相互作用，是使物体获得加速度和发生形变的外因"。这指明了"力"是主客体之间的相互作用，属于关系范畴的概念；它的第二个含义是"能力、力量、效能"，体现了一种具有让对方感觉到认同和确认的能力。

## 二、公信力的内涵理解

经过对每一个合成源的分析，我们认为"公信"即"公众的信任"这一理解是没有问题的，而当获得"公信"成为一种能力时即产生了"公信力"。"公信力"是描述主客体之间相互作用关系的一个概念，即"公众对于人或组织的信用存在期望，而人或组织根据此期望努力获得公众信任。""公信力"归根到底是一种能力，但它同时描述了主客体之间相互作用的信任关系。在核心词"信"的含义中，"信任"是公信力概念的逻辑起点与核心，"信用"是判定公信力高低的一个评价标准。公信力体现的相互关系可以被描述为：公众对人或组织的信用有一个认知认同的过程，同时人或组织为了赢得公众的信任也会从自身出发做出相应的调整和变革，这一关系是一个动态而非静态的过程，公众的认知认同程度与人或组织做出的调整方式也会影响到自身公信力的高低。

具有公信力的主体有多种，除政府外，社会组织、新闻媒体①、利益集团甚至个人（公众人物）等都具有公信力。公信力作为一种无形资产，是在长期的发展中日积月累而形成的，体现了主体存在的权威性、在社会中的信誉度以及在公众中的影响力等特征。"公信力"的基础是信任、信赖关系。

## 第二节　政府公信力的界定

通过前文对"信"的考察，我们可以认为，"公信"是"信"在社会公共生活中的一种体现。这里的"公信"已经超越了个人道德领域，也不仅仅属于经济领域，而是被更多地赋予了社会学和政治学意义。而在公共领域中，政府无疑是最主要的角色。无数思想家在政府理论研究中，都阐述过这样的意思，即政府和公信是密不可分的，存在固有的联系。

### 一、政府与公信的联系

政府"government"从词根上说来自希腊文"掌舵"的意思，②形容在社会公共生活中，政府是掌舵者，把握着社会这艘大船的发展航向。既然是掌舵者，其必然要取得船上绝大多数成员的信任，即所谓的"公信"，才能使社会之船顺利前行。否则，轻则掌舵者改弦更张，重则社会之船动荡倾覆。

（一）公信是政府合法性的一种具体体现

现代政治理论认为，政府的存在以人民的授权为基础。政府公共权力

---

① 媒介公信力的研究对于本文公信力解读有一定的参考价值。1999 年黄晓芳在《公信力与媒介的权威性》中将"公信力"定义为"媒介在长期的发展中日积月累而形成的，在社会中有广泛的权威性和信誉度，并在受众中有深远影响的媒介自身魅力"，这是新闻传播学界较早的提出公信力概念的文章。随着受众研究的发展，更多的学者从受众角度出发研究媒介公信力。笔者比较认同郑保卫、唐远清在《试论新闻传媒的公信力》中的定义：新闻传媒的公信力是新闻传媒能够获得受众信任的能力，反映了新闻传媒以新闻报道为主体的信息产品被受众认可，信任乃至赞美的程度。
② Frederick C. Mosher/ A panel of the National Academy of Public Administration, 1974. Watergate: Implications for Responsible Government: A Special Report at the Request of the Senate Select Committee on Presidential Campaign Activities. New York, Basic Books: vii.

的合法性来自人民的认可,即公众的信任。政府必须取得这种信任以获得开展行政活动的资格。换而言之,政府执政的合法性等同于政府执政的资格,其表现为获得公众的信任。研究证明这是有理论支撑的:所谓政府的合法性,是指服从政府权威的人对权威的认同。是一种在认同基础上的自愿服从。[①] 马克斯·韦伯认为任何一个由命令和服从构成的社会活动系统的存在,都依赖于它是否有能力建立和培养对其存在意义的普遍信念,也就是对其合法性的信仰。张康之教授分析了马克斯·韦伯合法性论述中的两重含义,即"统治的正当性与统治的认同的总和构成了统治的合法性"。[②]合法性与公众信任紧密相关,政府以建立之初的合法性获得公众的信任,又通过不断累积的公信证明来巩固自身的合法性。政府获得的公众信任越大,其合法性就越被认可,政治制度就愈发稳定,政府行政也就更加顺利。

(二)公信是政府和公众关系的一种描述

政府和公众之间有很多种关系,其中的信任关系是通过公信来描述的。这种描述的核心在于公众对政府的信任。公众与政府之间的信任和人与人之间的信任是不同的,人与人之间的信任关系中,每一方都可以作为信任者和被信任者,但公众与政府的信任关系并不是对等的。之所以说公信可以描述这一关系,正是由于公信蕴含了这样一层意思:在权力让渡之后,公众往往不得不依赖政府,公众必然对政府产生信赖的关系,哪怕只是最低程度,而政府却可以不必信任某一个具体的个人。公众与政府之间能够达到完全互信的关系只是一种理想化的假设。"在现实生活中,国家是作为一种对个人的'必要的恶'而存在的,它的作用是压制个性中反社会的冲动,维持基本的社会秩序,因而国家的存在恰恰是以'不信任个人'为前提的。一个国家警察数量的多少、监控设施的多少一定程度上可以反映国家对个人的信任程度,如果国家信任公众,就可能会减少警察的数量和监控设施的投入,赋予个人更多的自由,减少对个人的干预。事实上,如今的大多数国家都在不断加大对个人的监控程度,对个人的信任更在减少,而不是增加。总之,国家信任公众不应该也不可能成为一个学术研究的主

---

① 安东尼·吉登斯.社会学[M].赵旭东,等译.北京:北京大学出版社,2003:12.
② 张康之.合法性的思维历程:从韦伯到哈贝马斯[J].教学与研究,2002(3):24.

题。"[1] 公信描述的正是这种公众对政府的信任关系，而不是公众与政府的信任关系。

## 二、政府公信力的定义

根据前面的分析，我们试图对政府公信力下一个相对准确的定义。政府公信力是指在社会公共生活中，掌握公共权力的政府面对社会差异和利益分配，通过公正、高效、廉洁、民主、负责等途径获得公众普遍性信任的能力。这个定义包括了对于政府公信力几个方面的理解：第一，政府公信力是具有明确主体和客体的概念。其主体是掌握公共权力并依据自身资源开展行政活动的政府，是政府公信力的施动者；其客体是判断政府行政活动（或行为）是否获得普遍性信任的社会公众，是政府公信力的受众，也是政府公信力的最终评价者。政府公信力是从政府的角度出发的，强调政府在此信任关系中的主动性，政府能否拥有良好的公信力，关键在于政府这一主体本身。第二，政府的行政活动（或行为）是获得公信力的直接途径。政府的合法性使政府获得了公共权力并具有了初始的公信力，而在之后的执政过程中，政府公信力的直接影响因素是政府的行政活动或者行政行为，具体说是看政府的价值理念、行政决策、工作方式等是否符合公众的普遍性意愿，如公正、高效、廉洁、民主、负责等，也包括看政府行政活动是否讲求信用、注重承诺。因而政府公信力体现的是公众对政府的一种整体性的信任，不是针对某一时期某一事件而言的。第三，政府公信力是一种能力，也是一种政府自身的资源。作为一种能力，政府公信力突出体现出社会公众对政府的价值判断与认可程度；作为一种自身社会资源，政府公信力可以在政府执政过程中转化为影响力和号召力，在具备影响力和号召力的基础上，政府才能顺利开展行政活动，达到行政预期，提高自身的执政能力。

## 三、政府公信力与政党公信力之辨析

在政府公信力的研究中，经常会遇到与政府公信力相近的概念，如政

---

[1] 周治伟.政治信任研究——兼论当代政府公信力[D].中共中央党校，2007:6.

府诚信、政府信用、政府信任等，而且这些也是当前学术界有关政府"信"的研究热点。的确，这些关于政府"信"的概念，有着密切的关联和相近的含义，然而通过分析我们就可以发现，这些相似概念所表达的实质意思和应用范畴有着显著的区别。

政府诚信多用于探讨政府言行的诚实、守信。由于诚信本身属于道德范畴，因此政府诚信有这样几层含义：一是政府发布的信息不虚假，没有隐瞒真实情况；二是政府行为和政府发布的信息一致，政府的许诺得到遵守，签订的契约得以实践；三是政府部门对待公众的态度真诚，真心实意为公众服务。政府诚信是个人诚信上升到群体诚信的表现。政府是最大的公共性质群体，担当着先天的公共服务职能，对公众守承诺、讲诚信是对其政治道德和社会道德的基本要求。政府对于诚信这一道德规范的遵守，可以使之获得"公众（公共）的信任"，常被简称为"公信"，因此，政府诚信是以政府的道德探讨为基础的，涉及的主要是政府活动的应然性问题。

对政府信用的理解有三个层面：作为一个政府活动的状态，政府信用被解释为"政府对所获信任的使用"；作为一个政府行为的基础性前提，政府信用可以理解为一种取得公众对其信任，从而展开行政活动的"前提条件"；而随着市场经济的发展，政府信用是最多地被应用于经济领域的概念，比如有关政府的信托和信贷等。[①]因此，政府信用是政府自身的一种资源，涉及的主要是政府活动的前提性问题。

政府信任描述的是一种信任关系。这里"信"的意思是诚信，"任"强调的是一种"承认"和"认可"，因此，"政府信任"更多的表示公众对政府承认和认可后的相信和托付关系。这种关系本身是双向的，具体说是一种施动和回馈过程。根据《说文解字》的说法："信，诚也；诚，信也"，政府信任除了强调政府的诚信，也强调人们根据政府行为以及政府对信任的期待做出的回应。在政府信任这一关系中，人们知道政府做了什么和将怎样做，因而可以根据对其是否诚信的判断调整自己对政府承认和认可的

---

① 《辞海》对信用的解释有三种：一为"信任使用"；二是"遵守诺言，实践成约，从而取得别人对他的信任"；三为"价值运动的特殊形式"。并说明了日常生活中的信用越来越多地被理解为借贷的基础。本文对于政府信用的解释来源于此并予以延伸。

程度并采取相应的支持、防范、反抗等措施。政府信任是一种客观存在的关系,涉及的主要是政府活动的实然性问题。

政府诚信、政府信用和政府信任,都和政府公信力概念相近且相关。这些概念都以"信"作为关注政府活动的切入点,此为共同点;然而,这些提法所侧重的角度各有不同:政府诚信主要是从政府的政治道德和社会道德角度进行探讨;政府信用主要是从政府的自身资源即信任使用的角度予以关注;政府信任反映的是政府与公众信任关系的建立,为一种客观描述;而政府公信力强调了政府获得公众信任的能力,并特别突出公众对政府公信的价值判断和认同程度,其特殊之处有以下几点:第一,政府公信力有明确的主体和客体,即政府与公众。第二,政府公信力本身没有主观性价值取向,公众对于政府可以"信"也可以"不信",政府公信力只是一种体现。第三,对于政府公信力的探讨包括了政府诚信、政府信用和政府信任等几个方面的内容,这同单纯地讲政府诚信、政府信用和政府信任是不同的。因为政府单纯讲信用、守诚信、建信任未必能达到使公众信任的程度,也就是说,政府公信力的提升不是靠单一的途径来解决的,它的体现更重要的是公众在多大的程度上对政府活动持信任态度,公众对政府的评价在这里显得至关重要,这种评价最终转化为政府的一种能力,成为政府的号召力(软实力)和影响力(软权力)。

对政党公信力的理解在马克思和恩格斯的论述中有过这样的权威论述:政党的公信力是政党在人民群众中的影响力、号召力和树立起来的威信,其基础是政治信任,因为只有"在普遍的信任中"才能树立起崇高的"威信"。① 马克思和恩格斯在革命斗争的实践中认识到:政党是阶级的政治组织,工人阶级政党是工人阶级和广大被压迫群众进行革命斗争的领导力量和组织者,其首要目标就是夺取政权。这种观点在马克思和恩格斯参与创建世界上第一个无产阶级政党组织"共产主义者同盟"的过程中就得到了明确的表述。马克思和恩格斯强调,为了夺取政权,工人阶级政党必须具有公信力。他们认为,党是工人阶级的先锋队,是无产阶级革命的领导者,党只有通过耐心的教育、组织工作和牺牲精神才能获得人民群众的真正信

---

① 马克思恩格斯全集(第4卷)[M]. 北京:人民出版社,1995:585.

任,并在群众中发挥自己的影响力、号召力和威信,才能得到人民群众自觉自愿的服从和衷心的拥护,才能最终领导人民群众推翻资产阶级的统治。

执政党公信力和政府公信力相辅相成,两者密不可分、互为一体,但是执政党公信力和政府公信力作为我国政治体系中最为重要的两种政治公信力,无论在现实政治生活中两者是怎样存在的,从理论上说,它们都是两种具有不同主体和特性的政治公信力,执政党公信力不可避免地拥有执政党执政地位的先天优势,政府公信力也更加趋向于政府社会公共性的特殊性。

## ■第三节 政府公信力的特性

政府公信力以公共领域中的信任关系为基础,是区别于其他公信力的,①有其特殊性,这种特殊性分别来自政府公信力的特殊主体、政府公信力主体和客体的对比,以及政府公信力的影响三个方面。

### 一、政府公信力主体拥有公共权力并具有独立性

政府是政府公信力的主体。有研究者认为,政府公信力的主体是公众,因为公众是政府公信力的评价者;还有一种观点认为,政府公信力有两个主体,分别是政府和公众。政府公信力作为一种能力,显而易见是政府所拥有的,这种能力的体现也是以政府行为(行政活动)作为途径的,因此,政府公信力有明确的主体且只有一个,那就是政府。如果将政府公信力的主体地位赋予公众或两者皆有,那么提升政府公信力的方式和原则必然产生偏差,进而带来新的理解误区。

政府公信力的特性,首先就体现在"政府"这一政府公信力的主体具有的特殊性上。

(一)政府具有公共权力属性

政府是公共领域或公共生活中毋庸置疑的主角,伴随着与生俱来的公

---

① 其他公信力,如公众人物的公信力、企业的公信力、非政府组织的公信力、利益集团的公信力等等。

共性。而政府的行政活动又都是围绕着公共权力展开的，<sup>①</sup>所以对政府公信力特性的分析，也应该从公共权力的视角出发。

政府作为复杂的公共生活的管理者，必然拥有某种权力，区别于其他社会组织、个人、利益团体的最显著的不同，是其掌握的权力是特殊的，即国家公共生活中最重要的公共权力。即便对权力在政府活动中的地位还有争议，在政府公共权力的性质、产生和功能等相当多的问题上还有着认识上的不同，但无论是马克思主义政治学还是西方传统政治学，都对政府的公共权力属性进行了基本的认定。马克思主义政治学将国家（主要指政府）的职能分为两个大的方面，一个是阶级统治职能，一个是公共管理职能，无论是哪个方面的国家职能，政府所掌握的公共权力都是重要的行使职能的工具；同样地，以社会契约论或人民主权论为基础的西方自然法学派政治学也认为，人民（公众）这个主权者既然已经通过签订社会契约建立起国家（政府），那么政府就得到了人民（公众）的授权，获得了具有合法性的政治统治和社会管理的公共权力，这时虽然掌握最高权力的依然还是人民（公众）主权者，但其已经不能随便转移和更换具有代理资格的政府及其公共权力，除非政府符合解体的条件。"所以可以说，共同体在这方面总是最高的权力，但是这并不能在任何政体下被认为是这样，因为人民的这种最高权力非至政府解体时不能发生。"<sup>②</sup>政府的公共权力属性，指的就是政府获得了人民（公众）这一主权者的授权，从而获得了公共生活的管理权以及政治统治的强制权，用以抵御侵略、维持秩序稳定、改善公众福利等。除非政府符合解体的必要条件，比如宪法的相关规定，自然放弃这一权力，否则政府的公共权力属性一般不会动摇，并且在一个国家内部具有独占性和排他性，任何其他社会组织、利益集团、个人（公众人物）等是不具有公共权力属性的。

政府具有公共权力属性最直接的结果是使政府在公共信任层面上，也就是我们说的公信力的层面上，所展现出的运行机理、结构要素与其他组

---

① 政府活动（政治活动）围绕权力运行，国内马克思主义经典作家与西方一些知名政治学、社会学家有着共识，本文采用了这种共识。当然，对于政府活动的核心还有其他理论观点，这里不做赘述。相关论述参考王惠岩.政治学原理.高等教育出版社,1999:5;安东尼·吉登斯.社会学.赵旭东,等译.北京：北京大学出版社,2003:402.

② 〔英〕约翰·洛克.政府论（下篇）[M].北京：商务印书馆,2018: 92.

织公信力或个人公信力有着明显的区别和不同的含义和价值。

（二）政府组织具有独立性

政府具有公共权力这一特殊属性，那么政府作为一种组织也就具有了明显的特殊性。通过上文分析，从获得主权者的授权开始，政府便开始掌握并使用社会公共权力，只要政府不发生解体，政府组织就会作为政府的具体形态而存在，并且在公共领域发挥主导性作用。这就使政府具有了很大程度的主体性和独立性。政府成为一个相对独立于社会、个人或利益集团的组织，并且对于社会整体、其他非政府组织、个人或利益集团可以拥有不同程度的权力，其原因也就在于此。由于政府的独立性经过了授权并受宪法和法律保护，其组织的这种独立性并不受任何群体或个人的直接影响。

然而，政府的这种独立性也使政府具有了对自身利益的诉求，而且政府的利益诉求不可能做到始终并完全与公共利益或者说公众利益保持绝对的一致。原因是政府利益和公众利益相一致的程度会随着政府所代表阶层利益而变化，随着政府与公众关系的改变也会产生变化。另外，作为一个具有独立性的组织个体，政府必然产生一种"自利性"。政府"自利性"的存在，就产生了政府违背和主权者（公众）的约定，不去谋求公众利益转而谋求自身利益，甚至牺牲公共利益以达成自身利益的可能性。这个推论给我们的启示是，社会公众必须对政府强大的公共权力进行有效制约，否则政府的公共权力很可能因为其"自利性"而产生扩张和侵略，最终损害主权者（公众）的利益。

## 二、政府公信力主体与客体具有非对称性

在对政府公信力主体的特殊性进行分析后，我们再将政府公信力的主体（政府）和政府公信力的客体（公众）进行对比，能够清晰地发现，政府公信力的两端，即政府与公众之间存在着明显的不对称性。

（一）政府与公众在信息上的不对称性

政府的公共权力属性使其在和公众建立的信任关系中具有相对的主体优势，首先体现在双方信息的不对称上。在人们的日常生活中，信息不对

称几乎存在于所有信任关系中,但在政府公信力层面上讲,政府和公众信息不对称的程度关系和影响到社会公共产品和公共服务供给的效度,因此受到更多的关注和探讨,具体说来主要体现在以下两个方面。

首先,政府的社会信息来源更为全面,公众只能掌握部分社会信息,具有片面性。政府的社会管理职能决定了政府是全社会的公共管理机构,广泛多样的政府活动使政府可以凭借组织和技术优势深入到社会的各个角落。显然,政府收集社会各个方面的信息比个人要容易得多,所以,政府掌握的信息量是其他社会组织、个人或利益集团所不能相比的。

其次,政府可以根据需求处理自身信息和其他信息,公众由于自身局限导致信息短缺。公众的局限表现为在接受政府公共服务或公共产品时,对公共服务或产品的获取和提供过程并不十分明确和了解,因为委托代理关系形成之后,公众由于自身获取信息局限性产生了一定的惯性思维,不易对获得社会信息、政府信息产生强烈的求真求知欲望和能力。

(二)公众对政府公信力的评价具有非组织性

公众对政府公信力的评价具有非组织性,主要体现在公众作为政府公信力的评价者非特定也不固定。政府公信力的评价者是社会公众,是一种抽象意义上的指向,并不特指某一个人。并且由于不同时间、不同情境政府公信力的评价者也不同,虽都可成为公众,但这种身份并不固定在某个个人身上,社会公众的利益集合要通过社会组织和利益团体才更容易集中表达,这对社会治理过程中社会组织的培养和完善提出了更高的要求,因此,通常意义上来讲的公众对政府公信力的评价不可能具有像政府一样的组织性。

## 三、政府公信力的影响具有广泛性和扩散性

(一)政府公信力影响具有广泛性

与其他社会组织公信力以及个人(公众人物)公信力相比,政府公信力的影响显然更为广泛。马克思主义政治学认为,政府是一个国家最重要的上层建筑,掌握社会管理的公共权力,并且代表国家对外交往,其活动范围涉及社会各个方面的同时也涉及国际事务,每个组织和个人都处于政

府的影响范围之内,这种作用范围是任何非政府组织、个人(公众人物)或利益集团所无法比拟的。政府公信力的变化既在本国会产生普遍影响,也可能改变政府在国际中的形象和地位。

其他非政府组织的公信力、个人(公众人物)的公信力以及利益群体或利益集团的公信力,其影响都被限于一定的范围之内,可能是利益相关者,也可能是出于兴趣的知情者,或者研究者和合作者,总之由于组织或个人的影响有限,其广泛性必然受到一定的局限。而政府公信力的影响是最广泛的,政府处于社会结构的最上层,代表国家行使公共权力,具有公共管理的职能,政府活动面向社会所有组织和公众,在公共生活中,政府必然是关注的中心并影响着每一个人的生活。正是因为政府的行为易被各种组织和公众所关注,才使政府公信力的影响具有非同一般的广泛性。

(二)政府公信力影响具有扩散性

政府作为公共权力的执行机关在制定、执行政策的过程中,要与社会各界交往,其影响是放射性的,会在社会公众中扩散,甚至会产生连锁反应。政府公信力弱化可能导致社会的各个主体心理失衡,从而出现不良信用行为,致使整体社会信用环境恶化。而且,一旦公众对政府失去信任,重新建立政府公信力就需要相当长的时间。这意味着公众并不是通过某一次的经验就立即对政府的公信力作出评价和判断,而是通过多事件、长时间积累对政府公信力进行评价,政府在某一时间段的公信力,也会影响到下一时间段的公信力。

# 第二章 政府公信力的运行机理：逻辑、前提和要素

> "必须先研究事物，而后才能研究过程，必须先知道一个事物是什么，才能察觉这个事物所发生的变化。"①
>
> ——恩格斯

---

① 马克思恩格斯选集(第4卷)[M].北京：人民出版社,1995:240.

政府公信力归根到底是政府的一种能力，这种能力的产生和强弱依赖于公众对政府的信任程度。在现代社会中，如果政府想保持公信力的长期存在并处于较高的强度，则必须把握政府公信力的理论逻辑和内在规律，以最终获得公众对政府自愿的信任。对于政府公信力运行的机制和原理，学者们从不同的学科和研究视角进行了分析，例如从社会学角度探讨公众与政府的信任产生模式，从经济学视角研究政府公信力的博弈论模式等。作为公共管理学视角的研究，我们将从政府公信力中的"政府"出发，探讨政府公信力的理论逻辑、产生前提和结构要素，从这三个维度来分析政府公信力是怎样得以运行的。

## ■第一节 政府公信力的理论逻辑

社会科学中的一种事物在产生、运行和发展的过程中必然有着一定的理论逻辑，其根据这种理论产生，在实践中以此理论为指导，并依据此理论的推演发生变化。政府公信力有着深刻的理论来源，并将此作为其存在和运行的支撑，这些理论来源是比较复杂的，这使政府在获得公信力和运用公信力时可以找到不同的理论支撑，并且由于政府不同的角色定位，其公信力所依靠的理论也可能是不同的。这些理论看似能够同时推导出政府公信力的产生并解释其运行，但是也存在着理论困境与冲突，需要进一步的丰富和补充。

### 一、政府公信力的理论来源

（一）政府起源理论[①]

1. 阶级冲突理论：公信力来自强制

政府起源于阶级冲突这一论断是马克思、恩格斯在前人摩尔根研究成

---

[①] 关于国家起源和政府起源的研究可以追溯到两千多年前，相关解释也有多种。谢庆奎教授将各种解释归结为五种：止争论、神权论、自然论、契约论和阶级论。丙明春将有关政府起源的解释归结为四种：有机论、神权论、契约论和阶级论。顾平安认为，对政府起源可以从三个方面来解释，分别是考古学解释（包括冲突论和融合论）、契约论解释和经济学解释。基于这些理论与政府公信力的相关性，我们选择冲突论和契约论来进行分析，前者强调政府是通过征服方式产生的，后者强调政府是在社会中产生的。参考中国社会科学出版的顾平安著《政府发展论》。

第二章 政府公信力的运行机理：逻辑、前提和要素

果的基础上系统提出的。阶级冲突论完整地阐释了国家起源和私有财产之间的联系，提出了国家起源于阶级之间的冲突，是阶级矛盾不可调和的产物，国家（政府）此时是凌驾于两大对立阶级之上的第三种力量，更深意义的理解是经济上占统治地位的阶级进行统治的工具。因为我们看到，古希腊、古罗马、商周时代的国家首先是奴隶主用来镇压奴隶的国家，之后的封建国家是贵族用来镇压农奴和驱使农民的机关，现代的代议制国家是资本主义剥削雇佣劳动的工具。[1]阶级冲突论基本上把国家和政府看作同时产生的，政府意志必须服从于国家意志。在恩格斯看来，"政府的最重要的职能就是代表统治阶级的利益，镇压被压迫阶级的反抗。"[2]20世纪初，美国考古学家蔡尔德首次将考古成果运用到政府起源于阶级冲突的证明研究中，之后弗里德也运用考古学的经验材料提出了令人信服的最完整的冲突论。"在弗里德看来，政府产生的原动力是为了满足解决分层社会中的内在冲突，维持社会秩序的需要，因此，它首先就是具有强制性的统治机构，处在这个社会分层上端的人将直接利用全部的血缘和非血缘关系的管理机构，来维持他们的地位和对生活资料的优先权"[3]。

从阶级冲突论出发，国家的本质是阶级统治。政府的主要职能有两个即政治统治职能和社会管理职能。政治统治职能可以理解为国家利用政府的行政命令、立法与司法的强制手段等，控制被统治阶级的力量以及镇压被统治阶级的反抗；社会管理职能可以理解为国家通过政府对社会经济发展、科学文化教育、公共福利事业采取统筹和具体兼顾的管理。这两个职能中，政治统治是最重要的职能，但是必须建立在政府履行了必要的社会管理职能基础上才能发挥。也就是说，在阶级社会，政府履行社会管理职能的目的并不是为了实现公共利益的最大化，而是为了统治阶级更好地进行政治统治。此时的国家是公共权力的强制垄断者，政府依靠所拥有的军队、监狱等暴力手段，成为系统地、合法地使用强制力的机构。从阶级冲突论国家的起源、本质、职能来分析，国家和政府产生的同时，既伴随着国家内部的政治上的不稳定也先天地拥有了强制性的公信力，政府必然获

---

[1] 马克思恩格斯选集（第四卷）[M]. 北京：人民出版社,1995:172.
[2] 马克思恩格斯选集（第四卷）[M]. 北京：人民出版社,1995:6.
[3] 顾平安. 政府发展论[M]. 北京：中国社会科学出版社,2005:33-35.

得统治阶级内部的信任，被统治者也必须相信政府。而阶级冲突论也揭示了奴隶与奴隶主的矛盾、农民与封建地主的矛盾、无产阶级和资产阶级的矛盾从根本上来讲是不可调和的，并且无法通过和平手段达到互相信任的状态。由于此时政府的产生并不是如社会契约论认为的那样是一个平等协商签约的结果，因此公信力虽然产生但并不稳定。起源上的强制途径使得阶级国家维持政治统治的手段也必然以强制手段为主。阶级国家的政府从一开始并不具备真正意义上的合法性，因为没有得到大多数公众的认同和支持。然而无论什么性质的政府，在成立之后都得到了一定的公信力，即便少数派的或强制的公信力，也使用各种手段提高这种公信力为自己争取合法性。但是，就像暴力手段本身无法为国家赢得合法性一样，强制力常常会给政府公信力带来负面的影响。所以，政府往往会尽量减少强制性暴力手段的使用，转而借助其他手段甚至非强制手段来为自己赢得公信力。比如宗教、意识形态、价值观等。表面上看，国家起源上的强制性使得政府公信力起初一般处于强势地位，然而这种政府公信力很可能不是一种真正意义上的公信力，所以，任何阶级国家的政府都会千方百计为自己不合法的起源披上合法的外衣，采取不同的手段骗取或强迫公众给予信任以获得强制性的公信力。

国家起源的阶级冲突论揭示了政府公信力产生的现实情形，强调作为现实存在的政府及其公信力是如何产生的，没有假设，也没有空想，这可能是政府公信力最真实的理论逻辑。在这种起源论的逻辑下，国家作为统治者，和公众作为被统治者之间在根本利益上是对立的，因此，在他们之间建立真正的信任是不可能的。统治者必然为了自己的利益，想方设法来强迫和欺骗大众，甚至不惜使用暴力手段来维护自己的统治，这样的政府不是公共利益的代表，只代表统治阶级的利益，国家在整体上被划分为两个部分，统治阶级和被统治阶级，从而在整体上陷入了矛盾和冲突的不可调和的状态，是一种结构上不公正的社会。此起源逻辑下的政府公信力来自强制，在这种理解下公众和政府之间的信任要想真正建立，必须首先打破统治与被统治的社会结构，也就是在执政意识上必须走出统治视角。

2. 社会契约理论：公信力来自守约

西方近代开始流行的社会契约理论是政府公信力的思想来源和理论来

第二章 政府公信力的运行机理：逻辑、前提和要素

源。社会契约论是由17、18世纪英国资产阶级思想家霍布斯、卢梭等提出的，重点阐释了人民（公众）为摆脱人类社会无序的利益争夺而试图建立组织性、秩序性的公共生活，假设在此过程中人们基于理性驱使互相订立的一种社会契约，在这一假设的基础上，政府与社会（公众）理论上构成了一种契约关系，公众作为契约一方根据约定纳税，而政府也根据约定提供优质的社会产品和公共服务。双方的公共活动都是基于契约而产生的，如果政府提供的产品和服务不能满足社会需求，社会管理也不能做到井然有序，那么就会被认为是违背契约，契约的核心是信用，所以政府也会被冠以不讲信用的评价，随即失去作为契约一方的资格。社会契约理论作为民主政府起源的重要理论之一，一直影响至今，被认为是政府必须守信的最有力的理论支撑。

在社会契约论中，政府具有公信力有着理论必然性与实践必须性。霍布斯、卢梭等思想家认为，"因为情感使人有一种贪图近利而舍弃远利、不顾社会正义的倾向，补救人们舍远求近倾向的方法是由少数能关切社会长远利益的人出来担当执行正义的任务，这就是政府的起源。当然，人们建立政府的初衷是利用政府保护人们实行他们所缔结的互利的协议，而且还往往促使他们订立那些协议，并强使他们同心合意地促进某种公共目的，借以求得他们自己的利益。"① 作为签订契约的交换条件，公众把自己的全部权利或者最重要的权利在完全信任的基础上交给政府，"每个人都以其自身及其全部的力量共同置于公意的最高指导之下。"② 这表明了政府是通过公众的共同意愿建立起来的，政府和社会公众之间的契约关系是以公众对政府的完全信任为基础的。特别是随着市场经济的发展和民主政治的实现，政府是社会公众共同意愿下履行契约的代理者，政府与公众之间存在社会契约关系等特征就普遍被世人所接受。著名的英国法律史学家梅因指出："所有进步社会的运动，到此为止，是一个从身份到契约的运动。"③ 然而，我们暂且不谈社会契约论的前提——那个假设的契约是否真的存在，既然在签署契约后产生了政府，怎样保证它是为实现公意而存在的是个问

---

① 〔法〕休谟. 人性论（节选本）[M]. 北京：商务印书馆,2002:131.
② 〔法〕卢俊. 社会契约论 [M]. 北京：商务印书馆,1963:24.
③ 〔英〕梅因. 古代法 [M]. 北京：商务印书馆,1959:97.

题，它能不能代表所有公众的利益也是个问题，矛盾和冲突必然存在，如果政府不保护每一个人的利益，那么政府是否就构成了违约也是个问题。需要强调的是，政府公信力以契约目的能否最终实现作为客观评价标准是否具有可操作性还存在质疑。但是不能质疑的是，在此理解下，履行政府职责，维护社会正义，做出公正判断，已经成为公众判断政府是否拥有公信力及其强弱的重要根据。换句话说，政府公信力是人们对政府是否维护社会公正、履行其职责的一种主观评价。社会契约理论虽然没有解释政府公信力怎样运行和发挥作用的问题，但是已经阐明任何政府行为的不适当都会损害政府公信力。

很多学者试图用社会契约论支持中国的社会政治发展，提出如果说资产阶级的政府或者以前的奴隶主、地主阶级统治的政府只不过是一种阶级统治的工具而已，那么中国作为一个人民民主专政的社会主义国家，政府的根本宗旨是全心全意为人民服务，政府是人民意志的执行机关，而且政府机关经人民代表大会产生并对其负责，这种社会主义民主政治下的政府是由全体人民同意并授权建立起来的，所以，政府与人民之间必然存在着一种默认或隐含的委托代理关系。加之前文提到，中国传统文化中的"信"是一种基于道德的判断，主要被作为了一种功利性的伦理价值。在中国传统文化中作为道德准则的"信"是与仁、义、礼、智并列的道德规范，它强调无论对人还是对己都要有"君子的诚信"，信任与利益之间没有直接性的联系，"信"只是区分君子和小人的标准之一，并纳入"礼"的层面，如"言而无信非礼也"，作为道德评判的尺度。笔者认为，中国以儒家文化为核心理解角度的"信"，首先是一种发自人的主观思想的道德要求，没有法律作为约束，所以产生了中国漫长封建社会的"人治"传统。社会契约论更多地体现了一种工具理性推断，虽然不是对现实的准确描述，但在很大程度上表现了信任的经济价值，富兰克林及追随者马克斯·韦伯就认为"信用就是金钱"，① 西方近代以后，社会契约论成为资产阶级的国家学说，更重要的是为资产者构建市场经济组织秩序的方式。结合中国政治发展的现实，判断中国政府公信力是由于社会契约的建立而产生，并以

---

① 马克斯·韦伯.新教伦理与资本土义精神[M].于晓,陈维刚,等译.上海：三联书店,195:33.

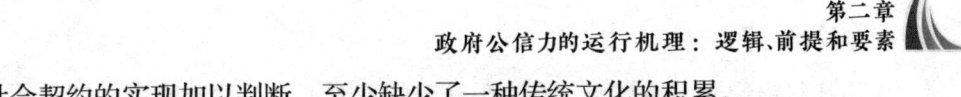
第二章 政府公信力的运行机理：逻辑、前提和要素

社会契约的实现加以判断，至少缺少了一种传统文化的积累。

社会契约论来源于现代信用经济，包含了理性推断并伴随着工具理性，是有着进步意义的。首先社会契约论是公众对政府公信力的要求具体明确，即是否符合约定，往往伴有量化的指标来衡量政府对契约的实现程度和行政行为的可靠程度；其次社会契约论下的政府公信力运行约束机制已经建立，法律是对政府是否履行契约的最重要的约束。契约下的公共治理其根本在于法治。社会公众借助法律权威来监督政府行政活动和保护公共利益，当政府非法时，政府公信力则遭到破坏，法律就要对责任者实施惩罚。另外，社会契约论下的政府公信力在理论上是超越国界的。社会契约论的核心就是订立契约的双方是独立主体并具有平等的地位，而且承担着统一的权利义务关系，政府与社会、政府与公众的契约都应遵循这一核心价值。在这一层面上说，中国正处于社会主义市场经济发展的关键时期，守约和诚信具有同等意义上的重要性，社会契约理论对于政府公信力的要求符合市场经济发展对政府公信力的要求，有利于市场经济发展的健康稳定。

3. 有限政府理论：公信力来自限制

有限政府的内涵可以理解为"一个政府在权力、职能、规模上受到来自法律的明文限制，公开接受社会的监督和制约，政府的权力和规模在超出其法定的疆界时，能够得到及时有效的纠正"。① 有限政府理论认为政府的职能要受到严格的限制，公共权力的行使需要遵循严格的规范，按照法律的规定进行，其职能有着明确界限。因此政府按照职责所限承担的责任也是有限度的。有限政府理论产生于西方现代政府理论的研究，其核心根据是建立在与私有制相依存的个人主义，更具体地说在个人主义基础上的自由主义。自由主义者们认为国家是一种"必不可少的恶"，"为了便利人们的生活必须借助于这一机构，而要实现真正持久安全的生活则不能让它的权力无限扩张，因此，必须通过法律、制度等对政府权力进行限制和约束。"② 亚当·斯密被认为是古典自由主义的开创者，他认为政府的干预经常阻碍了社会的（经济的）增长，应该通过将政府排除出经济领域，让经济生活各行其是，才有可能真正地拥有最好的经济体系，政府管得越

---

① 丁祥艳，朱亚军. 行政改革的路向选择：建设有限政府 [J]. 哈尔滨学院学报，2004(7):49-51.
② 负杰. 有限政府论：思想渊源与现实诉求 [J]. 政治学研究，2005(1):12.

少，其犯错的概率也越小。在有限政府的理念下，公众对政府的期望是有限的，并且有明确的指向，我们可以设想，其对政府的信任也是有限的，对政府公信力的要求也是有限的。然而，社会准确地说，市场经济并不像亚当·斯密等古典自由主义者想象的那样能够自行其是，而是出现了某些市场自身无法克服的消极因素。在此背景下现代自由主义诞生了，指出政府还是应该参与社会经济生活，但政府参与社会经济的程度必须是有限的，用自身拥有的公共权力纠正自发的市场经济所造成的不公正结果。现实情况正是这样，政府不但没有逐渐退出而是已经深深地进入到经济和社会运行之中，很多国家的政府在促进经济增长和维护社会平衡过程中还占据着至关重要的地位，特别是一些发展中国家，政府的限度处在不断的调整之中。

有限政府理论在政府公信力的解释上还是有其依据和优势的，由于有限政府理论划定了政府的权力、职能和规模的边界，为政府公信力的产生和维持创造了非常有利的环境。一方面政府的权力有限，为政府公信力的产生明确了前提条件。有限政府这一条件清晰划定了政府权力的边界，通过法律为公众提供了一个相对稳定的政治环境和明确的心理预期，任何政府越界的行为无论理论上还是实际上都可以得到纠正，公众对政府的不信任程度可以得到解释，因此在这种条件下政府公信力衰落的可能性也减少了。一方面政府的职能有限，公众对政府的期望有比较明确的指向性，从而为政府公信力的形成提供了理想的情境。这种政府本来就不是全能的政府，而是重点提供市场和社会无法提供的一些公共服务和公共产品，公众也可以对政府绩效有更为准确的认知，政府公信力在有限中得以提升。

4. 责任政府理论：公信力来自负责

责任政府是和有限政府密切相关的。责任政府理论下政府把原来属于自己职能范围内的一些事务交由市场、公众，而仅对自己实际具有的职能和任务承担有限责任而不再承担全部责任，从而避免了公众把所有社会矛盾的源头都归罪于政府的可能性，以为政府的公信力来自政府负责，只要政府负起了自身的责任，公信力就会保持或增强。

"责任政府"在《布莱克法律辞典》中的解释是："这个术语通常用

来指这样的政府体制，在这种政府体制里，政府必须对其公共政策和国家行为负责，当议会对其投不信任票或他们提出的重要政策遭到失败，表明其大政方针不能令人满意时，他们必须辞职。"责任政府更多地意味着政府权力来源于公众的授予，强调与公众之间的约定，卢梭在《社会契约论》中提出的"政府只不过是主权者的执行人"的原则依然被遵循，它要求政府必须对公众负责。同时，政府责任还包括政府需要担负的法律责任，宪法与法律为政府的行为设定各种责任与义务，政府必须遵守，也就是政府机关及其工作人员因违反法律规定的义务，违法行使职权时必须承担否定性法律后果。更重要的理解在于，责任政府必须能够积极地对公众的评价做出回应，并采取适当的措施公平且有效率地实现公众的需求和利益。责任政府作为现代民主政治的一种基本价值理念，要求政府必须回应社会和公众对政府的评价，根据评价和约定履行其社会义务和职责，同时接受来自内部的和外部的约束以保证政府责任的实现。在民主政治时代，公共权力行使体现出两个极为重要的价值取向，即民主和责任。公共权力来自公众对于主权的委托，政府行政对公众负责是这一主权原则的合乎逻辑的体现。

政府公信力的强弱，正是基于政府使用公共权力后获得的来自公众的反馈，政府负责与否的结果之一。在责任政府的理论中，失去公众信任的政府其合法性也将面临质疑。较强的公信力是责任政府的内在追求，因为在这里政府公信力产生的根源来自对政府是否负责的确认。在民主社会，公众服从法律和政府命令的前提是政府具有合法性基础并且其产生符合民主程序，政府公信力集中体现了政府合法性的实质性内容，核心是公众利益的最大化。基于此理论，政府公信力来自政府行为的负责。

## 二、现代政府公信力的理论解释与补充

### （一）政府公信力的理论不足

政府公信力由于实践环境和历史条件的不同，有着的不同理论来源，但是在现实中仍然有着一定的理论不足，一些公信力的现实状况传统理论并不足以解释。例如，阶级斗争产生的政府，若突出强调其阶级性，则这

个政府的公信力并不是真正意义上的"公众的信任",因为必然有非本阶级的公众持有一种对于政府不信任的态度,其公信力应该大打折扣;而由社会契约产生的政府,由于突出了其"守约"的行为,这个政府的公信力必然获得了最广泛的公众的认可,其公信力应该始终处于一种高位。但事实是,无论是阶级冲突产生的政府,还是社会契约产生的政府,都面临着同样的政府信任危机,责任政府和有限政府也并不一定导致政府公信力的提升,甚至出现与逻辑相悖的现象,基于强制力的政府公信力往往在一段时间内高于基于契约的政府公信力。

目前理论界对政府公信力研究的局限性是显而易见的,对政府公信力的认识和挖掘还有很长的路要走。例如,对政府公信力的理论解释,只能解释政府公信力产生的过程,并不能解释政府公信力运行的过程;回答公信力从哪里来的问题,并不能回答公信力为什么要存在的问题以及是否有存在前提的问题。尤其在理论与现实的对接层面,公信力的现实状况与理想状态有着相当的差距,使人们从现实的角度去重新思考政府公信力的理论基础和前提,并应该从学理的角度对现代政府公信力的理论体系进行补充释义和系统建构。

(二)政府公信力的现代理论解释与补充

1. 社会资本理论

社会资本理论(social capital theory)是当代政治学与行政学、社会学及经济学的一个研究热点,被认为可用以解释和解决许多复杂的社会现象。罗伯特·帕特南(Robert D.Putnam)将社会资本从个人社会资本层面上升到集体社会资本层面,从自愿群体的参与程度角度来研究社会资本。其认为由于一个地区具有共同的历史渊源和独特的文化环境,人们容易相互熟知并成为一个关系密切的社区,组成紧密的公众参与网络。这一网络通过各种方式对破坏人们信任关系的人或行为进行惩罚而得到加强。这种公众精神及公众参与所体现的就是社会资本。在帕特南那里,社会资本是一种团体的甚至国家的财产,而不是个人的财产。帕特南强调,如果认识到社会资本是重要的,那么它的重心不应该放在增加个人的机会上,而必须把注意力放在社群发展上,为各种社会组织的存在留下空间。从个人角度讲,

## 第二章 政府公信力的运行机理：逻辑、前提和要素

在一个拥有丰富的社会资本存量的社群内生活和工作更加容易；从整个社会角度讲，一个拥有丰富社会资本存量的社会意味着和谐稳定的秩序和良好的社会治理。

社会资本所蕴含的信任与尊重规范的价值原则是确立公众政治认同感的重要条件。日本政治学家蒲岛郁夫认为："当政府顺应民意，或者公众通过政治参与同国家保持一体感时，其政治体制是稳定的。反之，当政府违背民意，公众对政府怀有明显的不信任感时，政府和公众的关系将日趋紧张。"① 人与人之间的信任关系与合作关系是影响公众政治认同感的重要因素，必然影响着政府公信力的强弱。"社会资本着重于那些文化价值和态度，这使得公众有合作、信任、理解和彼此产生共鸣的倾向，不将公众当成陌生人、竞争者或潜在的敌人来对待。社会资本组成了一种力量，这种力量能提高社会的凝聚力，把人们从缺少社会道德心或共同责任感的利己主义者和以自我为中心的算计者转变为利益共享、责任共担和有社会公益感的社会成员。""当社会成员对其他人行为的正当可靠性即诚信抱有坚定信念时，他们就会在相互信任的基础上开展合作。彼此不信任和人心不齐使社会变为一盘散沙，而社会资本为一个群体成员提供一套共有的、非正式的、允许他们之间进行合作的价值观或准则。"② 政府公信力产生作用必须建立在人与人之间的信任关系基础上，以社会公众的互相信任作为大环境。当人与人之间的交往为公信力的产生创造了条件，一次成功的合作就可能会建立起长期的联系和信任，这种联系和信任成为群体行为时便产生了公信力，并使公信力发挥作用成为可能。因此，包含人际信任关系的社会资本，可以是人们未来在完成其他不相关的任务时进行的合作，如对政府的诉求和监督、信任与支持等，最终形成公众的政治认同感。

人们相互之间的信任、互惠、社会关系、合作网络、公共精神都是社会资本所强调的元素。社会资本理论认为，为了使社会合作获得最大程度的成功，对于个人来讲，信用应是每个社会成员的基本品格，尤其应该成为公务人员的政治品格和行政品格；对于政府来说，信用程度则更需要代表性和权威性，守信仅是政府行为的最低要求。政府公信力的强弱，是由

---

① 〔日〕蒲岛郁夫. 政治参与 [M]. 北京：经济日报出版社，1989：45.
② 〔美〕塞缪尔·P·亨廷顿：变化社会中的政治秩序 [M]：上海：三联书店，1996：29.

政府能不能正确行使公共权力,是否严格遵守规则,是否做到"言必信,行必果"这些标准来判定的。

在社会资本理论中,政府公信力是政府的社会资本存量之一,诚信的积累状况,是政府公信力建设的基本维度。在这一理论中,政府与社会的分工合作建立在政府和社会公众之间充分的信任关系基础之上,强调建立社会公众参与政府社会管理过程的关系网络。这一过程是双向的,政府集中资源致力于服务、产品的优化和社会基础设施的提供,而公众则保持对政府管理过程的参与和监督,给予政府必要的支持,同时加强自我管理。这种公众与政府的合作带来政府社会资本存量的增加,使政府公信力得以积累,有效地提高了政府社会管理的绩效,防止了政府失灵现象的产生。

在这一理论中,参与型的公众是政府社会资本存量增加的必要条件。只有让公众参与到公共治理过程中,才能为改善政府和公众的关系、提高政府公信力创造条件。同时,从历史来看,参与型社会的形成需要政府与社会之间已经存有一定的信任关系和联系网络,这是一个相辅相成的循环过程。一个政府讲信用、值得信赖,就会使社会公众形成对未来的良好预期并努力付诸实践,社会公众为了自身利益的实现与维持,便渴望表达自己的意愿,进而积极主动地参与到政府的社会管理过程之中。政府根据自身资源和政府公众的诉求做出良好的回应,建立起社会公众参与公共事务的参与网络并设定必要的互惠规范,双方在互利的环境下共同管理公共事务,从而形成政府与公众合作治理的局面。在相反的情况下,政府由于诚信积累不足造成社会资本匮乏,无公信力的政府不能有效建立起参与型社会所需的环境和条件,社会公众必然产生对公共事务的冷漠和回避,造成公众对政府行政的了解极度缺乏,最终产生严重的不信任感。

显然,用社会资本存量来诠释政府公信力是有深刻内涵的,政府的社会资本存量,包括信任、参与网络等,能够很好沟通、平衡和发展国家与社会之间的关系,促进国家与社会、政府与民间组织的互动。社会资本能提高社会的凝聚力,并且"把人们从缺少社会道德心或共同责任感的利己主义者和以自我为中心的算计者转变为利益共享、责任共担和有社会公益

# 第二章 政府公信力的运行机理：逻辑、前提和要素

感的社会成员。"[1]当社会成员对其他人行为的正当可靠性抱有坚定信念时，他们就会在相互信任的基础上开展合作。而社会资本为一个群体成员提供一套共有的、非正式的、允许他们之间进行合作的价值观或准则。[2]它可以帮助我们理解政府公信力的必然性和实然性，阐释了政府公信力运行的几个关键环节。

第一，政府公信力作为政府的社会资本存量之一，其积累必须以公众知情权和参与权为基础。在公共生活中，如果没有信息透明，公众就不了解政府信息，政府出于自利性的考量，就可能进行暗箱操作，政府机关的公务人员就可能产生寻租行为。而由于没有参与过程，公众即使受到欺骗也无法对政府进行监督和惩罚，这样就不可能存在政府与公众良好的合作关系。因此，政府公信力的建设，首先要以塑造政府与公众良好的合作关系为基础和目标，保证公众的知情权和参与权。

第二，政府公信力作为政府的社会资本存量之一，其积累需增强政府社会管理的责任伦理。从人的心理层面探讨，在参与型社会建立过程中，政府公务员对社会生活有着真实的感受和密切的接触，他们与自身的地方社会往往保持着密切的社会关系，很多政府公职人员在深深融入地方社会的情况下，更为重视自身地方社会的诉求，产生了一种发自内心的责任感，督促自己积极投身于地方的公共事务之中。政府需要做的是把这种关系扩大，使这种关系由个人心理层面上升到社会层面，建立政府和社会之间密切的社会关系网络，凭借政府公职人员对社会公共利益的真实感受使政府活动深深植入社会生活，强化其服务社会的责任价值，建立起负责任的政府形象，使政府公信力实现得到实质性提高。

第三，政府公信力作为政府的社会资本存量之一，其积累需建立政府与公众的互动关系。参与型社会是社会资本理论重要的价值目标。而形成参与型社会需要国家与社会、政府与公众之间具有一定的信任关系和联系网络，并且能够进行良性互动，这是历史所验证的过程。政府值得信赖、守信用是互动关系的起始，在政府不会违背信任原则而对公众施加不利影响的前提下，社会公众就会形成对未来的良好预期，公众从自己的利益（包

---

[1] 〔英〕肯尼斯·纽顿. 社会资本与民主 [J]. 马克思主义与现实,2000(2):44.
[2] 〔美〕塞缪尔·P. 亨廷顿. 变化社会中的政治秩序 [M]. 上海：三联书店,1996:89.

括所在组织利益和利益集团利益）出发，必然会积极主动地参与社会公共事务。相并行的是，政府依靠公众的信任，为社会公众参与公共事务建立了一套有利于双方的规范与原则。可见，政府的社会资本需要政府与公众的互动关系。而在社会资本匮乏的情况下，公众参与社会公共事务的可能性极小，公众对公共事务持一种冷漠和规避的态度，缺少互动关系的双方很难通过合作形成参与型社会，造成政府与公众关系逐渐失衡，政府公信力等社会资本存量趋近于无。

社会资本理论是政府公信力产生和运作的新理论支撑，一些政府公信力建设的细节问题在该理论中都可以找到理论解答，为我们研究政府公信力提供了又一个研究视角。

2. 和谐社会理论

2004年9月19日，党的十六届四中全会上正式提出了"构建社会主义和谐社会"的概念。2005年2月19日，胡锦涛同志在中共中央举办的省部级主要领导干部提高构建社会主义和谐社会能力专题研讨班上的讲话中指出："我们所要建设的社会主义和谐社会，应该是民主法治、公平正义、诚信友爱、充满活力、安定有序、人与自然和谐相处的社会。"[①]这是对社会主义和谐社会内涵的深刻概括，也是对社会主义和谐社会特征的科学解释，这一科学概括对于我们构建和谐社会具有重要的理论和现实指导意义。和谐社会理论对政府公信力的产生和运行提供了重要的理论支撑，至少是我国政府公信力建设的重要理论指导，理由如下：

一方面，和谐社会必然以人与人之间关系的和谐为基础。人是组成社会的个体，维持生命体的存在是本能的要求，生活必需品的获取是人的最基本的需要，在马克思所描绘的"各尽所能，各取所需"的阶段还没有到来之前，现实的物质条件不足以满足每一个人的利益追求。19世纪英国功利主义及经验主义的创始人边沁说过："不了解个人的利益是什么而侈谈社会的利益，是无益的。"[②]如何保护并提倡适当的个人利益追求是不应该被我们回避的问题，回避问题只能带来个人的积极性和创造性的泯灭，

---

① 深刻认识构建社会主义和谐社会的重大意义 扎扎实实做好工作 大力促进社会和谐团结 [N]. 人民日报, 2005-02-20(01).
② 周辅成. 西方伦理学名著选辑（下卷）[M]. 商务印书馆, 1987:212.

## 第二章 政府公信力的运行机理：逻辑、前提和要素

最终不利于社会的发展。和谐社会理论的提出基于现实生活中人们之间的纷争，这种纷争的核心是利益的矛盾，具体如劳资纠纷、政企夺利等。从利益分析的角度出发，达到互利是解决这些矛盾的最佳手段，一个和谐的社会，必须是一个和谐的利益共同体，需要有一个权威的组织者处于公共生活的核心位置，在保障利益合理分配的基础上营造和谐的人际氛围。

也就是说，作为和谐社会基础的良好人际氛围，需要政府这样的权威组织通过制度保障，建立互利互惠、共享发展成果的完善机制，比如在分配领域要努力实现有差别的平等，维护社会公正，"社会正义进一步概括为比例的平等与算术的平等"。① 笔者认为，在和谐社会理论中，复合的平等是维护社会公正、建立良好人际关系的关键，过度地追求绝对平等反而会造成社会的混乱和人际关系的紧张。② 而这种有差别的平等必然需要一个不仅具有公信力，而且应具有足够强大公信力的政府来担任仲裁者和调节者的作用。

既然和谐社会决定了公众要有一个强有力而又值得信赖的政府以建立和谐的人际关系。政府通过制度保证利益分配的公正合理，而制度设计又必须由公正的政府来承担，因此对于政府公信力的建设是必不可少的。和谐社会理论向我们阐释了利益集团、社会组织、个人为着共同利益而凝聚和团结，因为各自不同的利益而产生矛盾和纷争，无论如何绝不能是无序状态下的，需要一个公正、高效、廉洁、能代表公众意愿，能保证公众参与治理，能承担仲裁者与调节者角色的共同体——政府。这个政府的角色定位只能带来一个选择，即尽可能地得到公众的认可，提高公众满意度建立自身强大的公信力，推动社会和谐发展。否则，如果没有公众的认可，政府带来的不是暴政也是社会的动荡，社会和谐就无从谈起了，最后留给人们的只有无尽的争夺。有人把公共治理比喻成一曲交响乐，必须有一个娴熟的指挥，才能使社会治理形成一种艺术的状态，达到一种美的和谐。笔者认为社会生活的确如此，和谐社会理应有一个成熟公正的政府，能够对公众进行教育和引导，能够对社会不公和分配矛盾进行权威性的调节，能够取得公众由衷的信任，这样的社会和谐才是人与自然、人与人以及人

---

① 唐士其.西方政治思想史[M].北京：北京大学出版社,1998:88.
② 对"复合平等"的理解,参考刁桐.论社会公正的相对性——沃尔泽复合平等理论研究[D].2007:6.

与社会之间的和谐。

另一方面，整个社会的信用状况，尤其是作为社会主导的政府的公信力状况对社会的稳定与发展具有重要意义。在整个社会的信任系统中，公众对于政府的信任处于核心地位，支撑着整个信任系统的运行。一是政府公信力是其他信任关系得以存在和发展的基础。在社会公共生活中，行政活动贯穿于政府与公众的整个互动关系中。政府的每一项决策，公职人员的一言一行，都体现着政府公信的作用。整个社会信任系统需要政府提供最基本的信用，并用公共权力保障其他信任关系得以顺利运行，无论是组织间信用关系还是个人间信用关系，离开了政府公信力的作用，就会变得无序和脆弱。二是政府公信力是整个社会信任系统规则的制定者和裁判者。无论是利益集团、社会组织，还是个人（公众人物），在社会和经济交往中都具有一定的公信力，但这些个体并不具备制定规范的权力，更没有办法惩罚失信或激励诚信、判定责任，整个社会信任关系主要是靠政府的行政行为来维系的。政府的行政命令、法规可以确立和维护社会信任系统的运行，可以通过政府的行政行为对损害社会信任关系的组织、团体及个人给予制裁或惩罚。同时，政府由于自身地位必然在社会信任体系中发挥示范作用、倡导作用和组织作用，需要政府用强大的公信力获得公众对政府的尊重与信任，自愿地服从公共权力的约束。政府的公信力如果趋于弱化，那么政府在社会公共生活中的地位就失去了相应的保障，社会稳定就会受到冲击，因为公众对政府公信力的认可程度下降到一定的边界以下，社会成员更多地会选择放弃借助公共权力来维护自身的利益，转而通过其他非公权途径寻求自我保护，使造成社会不稳定的隐患增加。

和谐社会的理论还向我们揭示，公众对政治统治的认可程度可以通过对政府公信力的认可程度进行审视，并可以检验当前政府合法性的状态。和谐社会的政府是守信用、重承诺，以公共利益为首要利益追求的政府，具有先天的合法性基础。但是，先天的合法性基础并不能带来政府公信力的长期高位运行，必须依靠后期合法性的获取，这是一个正比例的关系。政府行为如使公众产生信任感和归属感，就可以带来政府公信力的增强，政府合法性也随之增强；政府行为失去了诚信原则或损害了公众利益，就

会带来政府公信力的弱化或下降,还会造成社会普遍失信,从而使政府的合法性也随之被削弱。政府一旦缺少公信力作为支撑,其维护社会稳定的能力就大为衰减。因此,政府公信力是社会稳定与发展的前提条件。

和谐社会理论对于政府公信力的支撑,有效解释了政府公信力与社会发展的基本关系问题,是政府公信力理论研究的重要补充和研究视角。同时,有力地回应了政府公信力存在的必要性的问题,可以带领我们走出政府公信力认识误区,从而将政府与公众统一于构建社会和谐生态过程和环境之中。

(三)现代国家治理理论

"治理"这一概念的产生最早可追溯到13世纪晚期,但它真正进入现代学术研究视野则是在20世纪80年代末。面对资本主义国家的福利国家危机以及发展中国家经济增长危机的现实情形,需要对传统的国家、政府角色进行重新定位和调整。治理理论由于在一定程度上适应了这种现实需要,吸引了众多研究者的关注。那时的治理研究是围绕国家、社会、市场的关系展开的,以社会秩序可持续和公共利益最大化为目标,重点关注公共权力获得和运行以及相关主体的参与和互动过程。

治理理论要在构建中国政治学中扮演重要角色,就需要结合中国特色社会主义政治发展道路进行整体性研究。在我国,国家治理体系和治理能力现代化是在坚持和加强党的全面领导的前提下进行的。自中共中央十八届三中全会将"推进国家治理体系和治理能力现代化"写入全面深化改革总目标以来,学者们基于我国改革发展的实际需要,结合中国语境和实践对治理理论进行多样化阐述,逐步形成立足本土、借鉴国外的中国治理理论。在治理实践中,我们正在加快建设人民满意的法治政府、创新政府、廉洁政府和服务型政府,深化"放管服"改革,努力为人民群众提供便捷高效、公平可及的公共服务,这些举措深入推进,让人民群众拥有更多、更直接、更实在的获得感、幸福感、安全感。具体来说,治理研究主要涉及国家与社会、政府与市场的关系,这两对关系成为中国治理理论的重点研究领域。

国家与社会的关系。国家与社会的关系是治理研究的重要内容。改革开放以来，广大人民群众的权利意识不断增强，参与国家和社会事务的积极性日渐高涨，社会组织不断发展壮大。在此背景下，要实现公共利益最大化以及经济社会可持续发展，就不能仅仅依靠国家或政府的力量，还必须更多地依靠人民群众，重视社会组织的积极作用，在及时回应人民多样化需求的过程中充分发挥不同利益主体的积极性。政府需要改革机构设置和优化职能配置，重视运用新兴信息技术等手段，更多地运用协商、合作等治理方式，实现国家治理与社会调节、居民自治的良性互动。

政府与市场的关系。对市场在资源配置中的作用，从最初的辅助性作用到基础性作用再到决定性作用，我们经历了一个认识不断深化的过程。对此，治理研究一方面强调不断深化政府自身改革，减少不必要的微观管理和直接干预，在有效弥补市场失灵的同时，善于运用多种政策工具为市场在资源配置中发挥决定性作用创造条件；另一方面也强调在一些治理领域充分发挥市场作用，扩大公共服务市场开放，通过政府购买服务、健全激励补偿机制等多种办法，提高公共产品与公共服务领域的资源配置效率，更好地满足人们多层次多样化需求，最大程度激发市场活力和社会创造力。

## ■第二节 政府公信力产生并存在的基本前提

### 一、政治合法性的获取

合法性（legitimate）问题是国家公共生活中的核心问题。政府获取公众对其信任的基本前提是国家必须是并且必须被认为是反映了人民整体选择的合法性组织。就政府而言，权力的基础是公众的价值认同和政治服从，是政府获取政治合法性的必要条件。一个未经人民或人民的代表同意并且通过野蛮暴力建立的统治机关，是不具备政治合法性的，是非法的政府，人民没有义务信任和遵从"政府意愿"，并随时有权利变更或废除这样的政府。当政府不具备合法性或没有能力保障其合法性的延续时，政府的公信力也已经丧失，政府与公众的信任关系也就此终结。由此可见，政府公

# 第二章
## 政府公信力的运行机理：逻辑、前提和要素

信力产生的基本前提是政府本身的合法性问题。同样地，如果政府无意或者无力重建政府与公众之间的信任关系，那么公众对政府及其行政行为的怀疑所产生的各种矛盾和摩擦就可能冲破基本规范，使整个社会弥漫和扩展着信任危机，而最终将质疑和触动政府的合法性。

合法性同正当性（reasonable）、法理性（legal principle）在英文的语义中是趋同的。就追溯政府合法性的历史根据来看，其本质是不断探寻政府之所以具有正当性的历史必然性，即从历史发展的客观规律方面寻求政府正当性的来源与依据。古希腊时期，政治合法性往往被看作是划分政体的一项标准，例如，柏拉图在《政治家》中按"政治活动是否符合法律"重新将政体划分为"依法治理的政体"和"不依法治理的政体"两大类，而亚里士多德则强调法律的规制才是一切良好政体的基本条件，并提出"适应于一切政体的公理是一邦之内，愿意维持其政体的部分必须强于反对这一政体的部分"[①]。在古罗马和中世纪时，合法性理论开始转而成为解释政治统治能否有效、如何维系的一种工具。在古罗马，行使权力只有与永恒的过去相一致时才被认为是合理的，具有合法性的，而过去的神圣法律程序则是从创建时的决议条款中产生的。到了近代，卢梭在其构建的人民主权学说中探讨了政府统治"何以持久"的问题，并最终将答案总结为合法性，并就政府的合法性指出：政府是建立在被统治者的同意的基础之上的，人民拥有的公意是政府合法性的唯一基础，是当权者应该忠于的最终价值，谁掌握了公意，谁就可以成为合法的统治者。人民才是政府权力的唯一来源。"即使最强者也决不会强得足以永远作主人，除非他把自己的强力转化为权力，把服从转化为义务。"[②]也就是说，被统治者的义务服从才是政府得以产生、存在和进行管理的基础和依据。这一论断基本上构成了近代政治合法性理论的政治哲学的基础。实际上，西方近代政治和社会学的发展史中也有诸多学者涉及政府合法性问题。首先，愿意选择当被统治者的人何以服从统治者的统治呢？毕竟，在可以自由选择的情况下，绝大多数人都是愿意选择当统治者而不选择当被统治者的。马克斯·韦伯通过对社会史的研究发现，由命令和服从构成的每一个社会活动系统的存

---

① 〔古希腊〕亚里士多德. 政治学 [M]. 北京：商务印书馆，1965:210.
② 〔法〕卢梭. 卢梭文集. 社会契约论 [M]. 北京：红旗出版社，1997:19.

在，都取决于它是否有能力建立和培养对其存在意义的普遍信念，这种信念就是其存在的合法性。在此基础上，韦伯在理想层次上对合法性进行了区分：一是基于传统的合法性，即传统合法性；二是基于领袖人物超凡感召力之上的合法性，即个人魅力型的合法性；三是基于合理合法准则之上的合法性，即法理的合法性，并且强调只有法理型的政治合法性才是历史发展的必然结果。其次，怎样使政府官员的合法性得以持久，或者使公众的权利得到保障呢？帕森斯认为，决定合法性程度的因素"在具体情况下始终是个经验问题，而且决不能先验地假定"[①]。政治统治的合法性的最终和最重要的基础就是政治统治者的统治或指挥得到该社会最高价值的支持，并且必须强调的是这种合法性既非与生俱来，也不是口头契约，需要政府通过制度和法律对人民意志予以体现和保证，也就是说政府不仅要提供作为精神存在的"合法"的信仰、价值等思想意识形态，最重要的是该政府要能为公众带来现实利益，即政府能真正做到"权为民所用，利为民所谋"。这要求有一些约束公众行为和政府官员行为的具体安排，这就是作为政府官员角色的义务和作为公众角色的义务。

在中国政治思想史上，人们很早就已经懂得了政治合法性对于国家统治的重要性。古代典籍《左传》中记载："国之大事，在祀与戎。"这里的"祀"即祭祀天神，"戎"即武力或军队。掌握有组织的暴力，抵御外来侵略，维持国内治安，是政权得以存在、统治得以施行的现实手段。而祀天拜祖，神道设教，则为政权提供了一种不可缺少的合法性基础。而为了维系政治统治的合法性，在政治上取信于民，则要明白"水能载舟，亦能覆舟""得民心者的天下"的基本原理，在这里，民心的本质是一种社会公众的共同期待，当这种共同的价值期待被满足时，政府的合法性才能够得到保障。在政府获得了合法性的同时，公众也将其意愿和期望交与了合法性的政府，而当人民的意愿被执行和满足，即公共利益实现时，公众对政府有了最基本的肯定和信任，并愿意扮演和承担"被统治者"的角色和义务，趋向于听命与服从，政府也建立了自己的权威，不管在任何时期，当公众的意愿不被纳入政府日程，或者公众可能对其所享有的权利不满意，或者觉得公

---

[①] 〔美〕帕森斯. 现代社会的结构和过程[M]. 北京：光明日报出版社，1988:144.

众义务太约束人时,政府的合法性也将面临危机甚至丧失,合法性危机同时意味着政府的信任危机和权威危机,因为,公众会因为政府没有将公共权利转化为公共利益,同时从道义上指责政府的诚信水准,挑战政府的权威,那么,政府将会丧失其公信力,而且这种丧失公信力的速度往往要比政府构建其公信力时要快得多。严格地讲,任何社会都有产生合法性危机的可能,只是发生危机的时候程度有所不同。也许在有的国家会导致整个系统的崩溃和重建,而在有的国家则只需要做出适当的改革或调整。如果一个政权的合法性基础主要建立在短期的可变因素之上,而它又不能或不愿意及时将这种短期的可变性权威转化为合理的制度性权威,那么,它一旦出现合法性危机,其程度会较为严重,而且后果可能就是整个体系的崩溃。相反,如果一个国家的合法性基础主要建立在合理的制度之上,那么,它一旦遇到合法性危机,也不会危及整个政治系统。因此,政府的合法性是政府获取公信力的制度基石,也是建设自身公信力的首要前提。

## 二、公共权力的制衡

政府的本源是人民按照自己的意志,彼此达成契约而组成政府,然后委托政府来治理国家。合法性为政府具有公信力提供了制度保障,意味着政府将通过合法的手段获得人民给予的利益与权力,也就是说,政府本身具有了合法的广泛地行使公共权力的权利。但是,从公共权力的本源上讲,权力来源于人民,是人民权力或者人民权利的产物,来自人民的让渡和人民的授权。公共权力的运行过程,实质上就是作为公共权力的所有者的一方和权力行使者之间建立了一种典型的委托——代理关系。经过一层又一层的委托和代理,就有可能使本来属于公众所有的公共权力转交到了一部分人甚至是极少数人手中。但是,遗憾的是这种代理关系的确立,不仅不能使公众与政府达成自然的信任关系,反而使公众始终以审视的目光来看待政府,或者说来看待政府行使公共权力的过程与结果,纵然公众期许政府是诚信的。但是,在现实层面上公众这种对政府的"不信任"的态度,迫使公众在政府运用公共权力之初,就必须运用某种手段来确保让渡的权力能够被"代理人"充分地实现而不发生异化,从而使公众愿意去相信政府的行为是符合人民意愿的,结果是符合公共利益的。

虽然合法性与政府信任在定义和价值上有着相互重合的部分,但并不完全一致,所以即使是合法性的政府也无法令公众对其完全地信任。首先,从权力本身所具有的特性看,权力本身表现为了维护和获取某种利益,特定主体将他的意志强加于人或机构,影响他们的态度和行为,使之服从的能力。所以,权力最容易成为脱缰的野马。孟德斯鸠指出:"一切有权力的人都容易滥用权力,这是万古不变的一条经验,有权力的人们使用权力一直到遇有界限的地方才休止。"① 即使是具有合法性的政府,其掌握权力的那部分人也无法避免地总是借助权力的力量而把自我凌驾于权力的作用范围之上,这就是权力本身具有的张力,正如卡尔·波普尔所说的"国家必定是一种始终存在的危险者或者(如我斗胆形容的)的一种罪恶。因为,如果国家要履行他的职能,那他不管怎样必定拥有比任何个别国民或团体更大的力量……虽然我们可以设计各种制度,以使这些权力被滥用的危险减到最低程度,但我们绝不可能杜绝这种危险。"② 同时,权力具有"不顾反对而贯彻"的支配性,权力的支配性使得具有了相对人不得不服从的性质,也使得权力具有滥用的可能性。其次,从公共权力的产生来看,在公共领域还没有产生的社会中,并不存在公共性的问题。随着阶级社会的产生,社会随之被分裂成两大对抗阶级,公共意志被统治阶级的意志所侵蚀和取代,从而使权力成为维护统治阶级自身利益的一种工具,成为统治阶级意志的一种体现。虽然统治阶级为了维护其合法性,保证阶级统治能够为全社会所接受并行使公共权力,而不得不在一定程度上照顾到公共利益,在一些特定条件下让代表着阶级意志的权力服从公共意志。在世界各国的封建社会阶段,我们都可以看到统治者在维护权力方面所留下的痕迹:在统治中适当照顾到公共利益,以求公众对统治者的接受和拥护;在意识上则极力淡化和抹杀权力的公共性,虚构出权力神授的各种神话,从而增强了权力作为一种神赋的力量凌驾于公众之上、压迫和支配社会公众,这种痕迹恰是阶级矛盾在权力身上的集中反映。现代民主国家建立以后,政府为了取得其合法性,以代理人的身份出现。公众与政府这种角色和地位

---

① 〔法〕孟德斯鸠. 论法的精神 [M]. 北京:商务印书馆,1961:154.
② 〔英〕卡尔·波普尔. 猜想与反驳 [M]. 上海:上海译文出版社,1986:500.

## 第二章 政府公信力的运行机理：逻辑、前提和要素

上的转换决定了公众更加关心自身的权利，关注政府的信用和义务。"要防止滥用权力，就必须以权力约束权力"。① 于是，对公共权力的制衡逐渐被公众发现并视为维护自身利益，实现公共利益的有效和必要的手段，政府要想维系代理人身份，为了获取公众的信任，提高自身的威信，保证良好的信用形象，也愿意并且必须接受公众的监督和制约。

在封建专制社会，权力监督是主要的甚至是唯一的权力约束。其实，权力监督在中国也古已有之。西周就有过所谓作诗、诵诗的舆论监督，当时还创造了"三监"制度，并成为以后秦汉时的监察御史和刺史制度的渊源。此后中国各朝代都建有权力监督制度，西汉中期开始建立多重监察制度，如御史的监察、丞相司直的监察、司隶校尉的监察等。西汉时期还发明了中国最早的举报箱。近代法治产生后，以权力制衡为核心的法治原则替代权力监督，成为民主政治最主要的制度保障，从而使权力监督和权力制衡有了明显的区别。在民主政治中，权力约束最主要的形式是权力制衡，权力监督只是一种从属性的权力约束。公共权力制衡在阶级社会中是无法体现和实践的，权力制衡的政治体制是近代资产阶级革命的产物。但是，公共权力制衡的思想最早产生于古希腊时代。亚里士多德在《政治学》中曾指出："一切政体都要有三个要素——议事机能、行政机能和审判机能。"② 这是被视为最早对政体的功能和职权划分的论述。到了16和17世纪，李尔本代表新兴的资产阶级提出了与地主和贵族阶级分权的主张。洛克又在前人分权思想的基础上，提出了立法权、行政权与外交权三权分立和制衡的思想。孟德斯鸠也在《论法的精神》著作中，系统地阐发了三权分立思想，他主张把国家权力分立为立法权、行政权和司法权，并认为"政治自由不是想做什么就做什么，在一个有法律的社会里，自由仅仅是一个人能够做他愿意且应该做的事，而不是被强迫去做他不愿做的事，为了防止滥用权力和保证人民的自由，必须以权力来约束权力"，③ 首次明确提出了以权力制约权力的方式，实现对权力的制衡。孟德斯鸠还将政治自由视为理想政治政体的价值选择，认为"政治自由是通过三权的某种分野而建立的"，④

---

① 〔法〕孟德斯鸠. 论法的精神 [M]. 北京：商务印书馆，1961:154.
② 〔古希腊〕亚里士多德. 政治学 [M]. 北京：商务印书馆，1965:215.
③ 〔法〕孟德斯鸠. 论法的精神 [M]. 北京：商务印书馆，1961:152.
④ 〔法〕孟德斯鸠. 论法的精神 [M]. 北京：商务印书馆，1961:155.

实行三权分立和制衡,是实现公众政治自由的基本原则,这种论断由此创立了西方现代意义上的分权制衡理论。资本主义国家分权制衡机制,经历了二百多年的发展与完善,对资本主义国家政权的巩固、经济增长和社会稳定发挥了积极作用。马克思、恩格斯也在评论资产阶级国家分权制时多次肯定权力制衡的积极意义。恩格斯曾言:"在那些确实实现了各种权力分立的国家中,司法权与行政权是完全独立的。在法国、英国和美国就是这样的,这两种权力的混合必然导致无法解决的混乱;这种混乱的必然结果就如让一人身兼警察局长、侦查员和审判官。但是司法权是国民直接所有的,国民通过自己的陪审员来实现这一权力,这一点不仅从原则本身,而且从历史上来看都是早已证明了的。"[①]

列宁则将权力的监督与制衡理论带入了现实的社会主义国家权力体系的实践中,列宁把权力监督视作国家的一种重要职能,认为权力监督是组成社会主义国家政权的重要部分,指出:"不实行全面的国家计算和监督,劳动者的政权,劳动者的自由就不能维持,重新受资本主义的压迫就不可避免。"[②]同时,列宁还把权力监督纳入社会主义民主政治的基本范畴,指出:"任何由选举产生的机关或代表会议,只有承认和实行选举人对代表的罢免权,才能被认为是真正民主的和确实代表人民意志的机关。"[③]列宁的权力监督与制衡思想为马克思主义国家学说作出了新的理论贡献,同时也用实践证明了权力制约来源于权力的本质并不取决于制度的差别。正如毛泽东所说的:"我们决不可拒绝继承和借鉴古人和外国人,哪怕是封建阶级和资产阶级的东西……比如外国古代文化,例如各资本主义国家启蒙时代的文化,凡属我们今天用得着的东西,都应该吸收。"[④]

在现代民主制的条件下,实施和实现对公共权力的制衡始终是体现"主权在民"的重要前提。公共权力制衡汲取了先进的政治思想并在现实的国家公共生活中通过以下手段得以实现:

1. 以法律制权。法律具有其他任何手段都不具有的公开性、国家强制性、国家意志性和普遍约束力。为了防止公共权力运行的随意性和人格化,

---

① 马克思恩格斯全集(第3卷)[M].北京:人民出版社,1962:597.
② 列宁全集(第33卷)[M].北京:人民出版社,1972:166.
③ 列宁全集(第34卷)[M].北京:人民出版社,1972:102.
④ 毛泽东选集(第2卷)[M].北京:人民出版社,1991:707,860.

第二章 政府公信力的运行机理：逻辑、前提和要素

就必须将其置于严格的法律监督之下。亚里士多德强调"法治应当优于一人之治"。在民主制度下，法律是用来保护公众权利的有力武器。从这个意义上说，法律是人民用来管理和制约公共权力的。公共权力的运行有法律依据，各种公共权力的行使要守法，这是法治社会的真谛。社会主义的正常权力运行机制应该是建立在完备的法律体系基础上的，是依法运行的机制。

2. 以权力制权。以权力约束权力是西方资本主义国家约束公共权力的基本方法。任何一种权力都不是至高无上的，以此达到平衡，称为"制衡"。这种制衡以"三权分立"的形式实际应用始于美国建国宪法。通过三权分立的制度设计来实现权力的制约与平衡就是宪政建立在中央和地方分权（地方自治）、国家和社会分权，制定宪法赋予议事机构以立法权、赋予司法机关独立的司法权和行政机关的行政权，人民通过定期的公开选举行使国家权力。

3. 以权利制权力。就是以公众权利制约公共权力，公众成为制约公共组织的力量，从公共权力组织的外部对公共权力产生制约作用，限制、阻遏公共权力的滥用。以权利制约权力是一种民主性质的制约机制，以承认公众权利为根本前提，以保护公众权利为最终目的，只有在一个民主社会中才能实现。

4. 以监督制权。不受控制的权力是绝对的权力，绝对的权力必然导致权力腐败。权力需要自律，但更离不开控制，离开控制的权力运用，控制是遏制和减少权力腐败的重要环节。公共权力的边界问题关系到其危害个人利益的可能性。而且权力越大的人越需要监督，不仅要有党内监督、行政监督，而且要有群众监督、舆论监督。近代社会关于权力制衡的制度设计、关于民主的呼唤、对公众参与的重视，以及通过法律来规范行政行为等等，都是出于维护公共权力的考虑。社会主义社会，权力来源于无产阶级和广大人民群众的利益和意志，在领导者和被领导者、管理者和被管理者的权力关系格局中，发号施令和服从号令均以是否有利于无产阶级和广大人民群众的利益，是否体现其意志为基本准则。所以，公共权力的制衡始终是以维护公共权力、保证公共利益为目标，这为公众在检视政府行使公共权力的过程中，建立政府与公众良好的信任关系，增强对政府的信任，进一步提供了体制上的保障，同时也成为政府自身公信力产生和实现的重要机制。

## 三、政府能力的认可

自政府产生以来，政府能力始终是判断政府优劣的重要标准之一。政府能力的来源问题是政府能力"从何而来"，"为什么"具有这种能力的问题，而对政府能力的语义理解，究其本质就是对政府"要做什么"和"能做什么"的基本论述。本文将政府公信力的内涵理解为在社会公共生活中，掌握公共权力的政府面对社会差异和利益分配，通过公正、高效、廉洁、民主、负责等途径获得公众普遍性信任的能力。作为一种能力，政府公信力突出体现出社会公众对政府的价值判断与认可程度。当政府有足够的能力履行其对社会公众所作的执政承诺，并且其行为符合公众的心理预期和根本利益，那么就能获得公众的心理认同，从而巩固其统治的合法性、稳定性。由此可见，政府公信力也是政府能力的一个方面。政府是否具有公信力不能完全说明政府能力的高低，但是一个没有能力或者说公众认为是没有能力的政府便会被视为"无用的政府"，显然也将是不会产生公信力的政府。因此，政府具有能力并且这种能力被公众所广泛认可是政府产生公信力的又一关键性要素和前提。政府能力的要求与内容是以政府自身具备的能力与公众对政府能力的认可这两个参照体系来讲的。以政府作为参照主体来看，政府能力是政府作为社会利益群体代理主体实现其职责的能力，以公众作为参照主体来看，政府能力是满足社会利益群体价值预期，赢得信任的能力。这两种能力在实际的实现过程中是完全有可能产生一定差距的，而这种落差的最大限度就是使政府能力最终分化成为有效政府能力和无效政府能力。有效政府能力是指该政府的发展满足了社会公众的基本价值需求，符合整个社会基本的道义预期。而无效政府能力则是指破坏社群主体利益，无法实现公众的价值需求（如图2-1所示）。

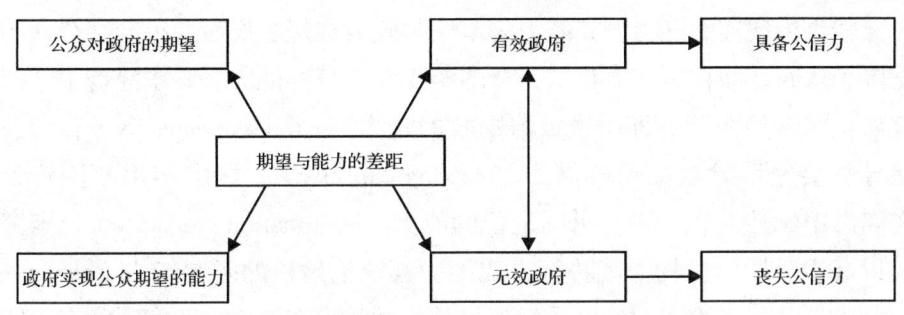

**图 2-1 政府有效性之于政府公信力的影响**

由于研究的角度和目的不同,把握政府能力的侧重点也不同,因此对政府能力的含义尚未形成统一的认定。理论界对政府能力内涵的分析为我们了解和明确政府能力的基本内容提供了不同的视角。从政府主体行为目标的角度来认识,政府能力是政府确定并实现其价值的能力,主要是指政府的自我稳定能力和资源运作能力。从与政府职能的关系角度,认为政府能力是指政府实际能够履行政府职能和功能的程度。关于政府能力的界定基本上都是从政府能力外部表现形式,或就其若干特征来揭示、说明的。归纳各观点,多集中在从政府能力、政府权力、政府职能的相关性去界定政府能力,针对政府能力与政府公信力关系的理论探讨还不够系统。本书将政府能力的认可作为政府公信力产生的关键性要素,将政府能力置于公信力的视域下,把作为政府公信力产生基本前提的政府能力理解为基于公众对政府提供公共物品和公共服务的能力的信任,并在这种信任关系的基础上,政府在公共权力与责任和公众的权利与义务之间营造出某种良性的动态平衡关系的能力。

从政府能力的主体来讲,政府作为承担公共权力的主体,在履行公共职责以实现公共利益的过程中必须具备与其职责相匹配的能力。相对于政府能力而言,对政府能力的认可要分为两个不同的阶段:第一个阶段是从政府赢得公众信任从而赢得合法性的应然过程。其实质主要是从政府自身对公众的说服程度来衡量,即政府能在多大范围和程度上说服公众接受和信任该政府组织;第二个阶段是政府实现公众信任预期,维系政治合法性的实然过程。这一过程中的政府能力主要是指政府践行承诺,将公共意志目标转化为现实的能力。其能力的本质是政府在经验层面获得社会公众的支持和认同,即在事实上获取公众的接受和信任的能力。基本涵盖了"国家动员社会经济资源即国家汲取财政的能力(extravtive capacity);国家指导社会经济发展的调控能力(steering capacity);国家运用政治符号在属民中制造共识,进而巩固地位的能力(legitimation capacity);国家运用暴力手段、机构、威胁等方式维护其统治地位的强制能力(coercive capacity)"。[①]事实性的接受反映的是一种政府在运作中的实际状态,即它在符合历史必然性基础上,在满足社会公众价值预期的实践中所能和已经达到的程度。

## 四、政府与公众信任关系的确立

论及政府信任关系,我们首先涉及的是对"信任"的理解。前文在探讨政府信任时已经对信任的概念进行了基本的界定。信任作为一种社会关系存在于人类社会的每一个历史阶段,"没有人们相互间享有的普遍信任,社会本身将瓦解。几乎没有一种关系不是完全建立在对他人的确切了解之上的。如果信任不能像理性证据或亲自观察一样,或更为强有力,几乎一切关系都不能持久……现代生活在远比通常了解的更大程度上建立在对他人的诚实的信任之上"。[②]"信任"可以理解为人们相互交往过程中的一种行动机制,也可以理解为嵌入在社会整体系统和制度体系中的一种功能化的社会机制,而"信任关系"则是由社会制度的不同层面显现的、社会交往中人们之间的相互预期与认同的关系状况。作为一种社会关系,行政学领域中的政府信任关系是指国家权力实施过程中所涉及的对象,包括个人、群体和组织的社会公众,对行政体系总体的,也包括对行政体系各要素、各要素之间的关系及其运动状况的合理期待,以及行政体系对这种合理期待回应基础上的一种互动关系。而政府与公众的信任关系则是建立在公众对政府的合理期待以及政府回应基础上的一种互动、合作的关系。目前学术界在讨论政府信任关系的时候,往往侧重于公众对政府的信任状况,虽然这只属于政府信任关系的一个方面,却是人们所关注的最基本、最主要

---

① 转引自王绍光,胡鞍钢.中国国家能力报告[M].香港:牛津大学出版社,1994:294.
② 〔波〕彼得·斯托姆普卡.信任:一种社会学理论[M].北京:中华书局,2005:69-71.

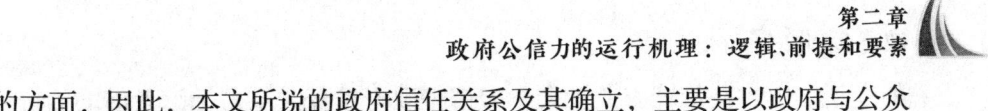
第二章 政府公信力的运行机理：逻辑、前提和要素

的方面，因此，本文所说的政府信任关系及其确立，主要是以政府与公众的信任关系的线索展开对公信力实现前提的探讨。

正如前面所论述的，政府公信力产生的理论前提都是政府自身产生和具有公信力所不可逾越和或缺的。以政府合法性为例，政府合法性的获取在很大程度上取决于统治者通过强行灌输和推行政治社会化手段来获取公众的支持和认同。统治者可以借助宣传上的欺诈、意识形态上的教化和政府职能上的短期效应等行为，获得公众的认同和信任，而看似使政府与公众有了某种程度上的信任关系，而公众根本无法意识和承认这种信任关系的确立。并且，一旦公众觉醒过来，就会面临合法性危机，从而导致政府与公众的信任危机，这种政府一厢情愿建立起来的信任关系将会马上消失，这样的例子存在于多个国家的公共生活当中。但是，公众依然不可能完全不信任政府，因为政府毕竟扮演着不可替代的角色，政府自身的组织性和行政权力的强制性，迫使公众在诸如公共安全、卫生教育、大政外交等事务上必须要依靠政府的作用和力量。政府完全信任公众也是不现实的，毕竟公众的受伦理教化的程度不同，道德素质参差不齐，有些人往往基于一己私利或眼前利益，在公共决策面前表现出非理性态度和不合作行为。但同样政府完全不信任公众也是不可能的，因为政府的各项决策指令等执行需要依赖政府对公众的信任，否则决策指令很难执行，甚至使自己陷入合法性的危机当中。可见，政府与公众之间信任关系的确立既有相互信任的客观需要，又有彼此对立的客观因素。因此，政府信任关系的确立是政府产生和形成公信力的又一重要前提。

在社会发展的不同阶段，存在的是与历史总体相适应的特殊的治理模式和秩序模式，而与不同的治理模式和社会秩序相对应，则存在着不同的政府信任关系的类型。张康之教授认为，在农业社会、工业社会和后工业社会的基本历史形态的区分中，分别存在统治型社会治理模式、管理型社会治理模式和服务型社会治理模式三种治理模式，而依据不同时空背景下社会治理模式中人际信任形态，可以把社会信任区分为习俗型信任、契约型信任和合作型信任三种类型。① 而政府信任关系则隐含于社会信任关系

---

① 张康之. 在历史的坐标中看信任——论信任的三种历史类型[J]. 社会科学研究, 2005 (1):175.

的变迁之中。在传统农业社会，习俗型政府信任关系是统治者借助传统习俗以及文化观念转化为统治者的意识形态，公众对统治者的依赖和统治者对公众的强权统治形成鲜明的反差，这种在政府的权威下所形成的信任关系往往涵盖了政府公信力所表达和实现的形式。在工业社会的民主政治制度中，当契约成为政府获得信任的手段时，政府信任关系由习俗型向契约型转换的过程，完成了政府对公众的不信任到政府去刻意谋求公众信任的社会变迁。工业社会的秩序是由契约形成的信任关系来塑造的，契约型政府信任关系形成和扩展的标志，则是法律制度的正式确立。公众虽然可以对政府不信任，却没有夺取政府权力的权利，而只能遵守法律义务，本质上不被信任的政府通过法律拥有管制公众的权力，也极力通过意识形态及合法性的追求谋求与公众确立信任关系，获得形成公信力的一切要素，正如福山所说，"透明的法治可以在陌生人之间创造信任的基础，……一种普遍的公正实施的法治，给不相关的人提供了互相合作和解决争端的基础，以此便可大规模地扩大信任半径。"[1] 而随着服务型治理模式的建构成为国家治理模式的主流时，政府公信力的来源必将建立在政府同公众合作和互动的信用关系之上，在这里我们无需论述和确定政府信任关系的历史变迁和类型，但是可以肯定的是，不同的历史发展时期，政府获得公信力的前提都是一致的，只是获得的手段和实现形式不尽相同。

## 第三节 政府公信力运行过程中的结构性要素分析

　　政府公信力包含三个结构性要素：政府、公众、输出与反馈系统。其中政府是公信力的主体，公众是政府公信力的客体。公众主要通过输出和反馈系统尤其是大众媒介获得与政府有关的知识和信息，然后形成对政府公信力的评价决定、对政府的信任态度。

---

[1] 〔美〕福山. 大分裂——人类本性与社会秩序的重建[M]. 北京：中国社会科学出版社, 2002:305.

## 一、政府：政府公信力的主体

政府是政府公信力的主体，在拥有此能力的同时也是被公众信任的对象，承载着公众的期望，但是政府并不对具体的某个人负责，个人对政府的期望也不像在人际信任中那样明确，这说明政府和公民之间的信任关系也并不局限于具体的某个情境。在普通的人际信任中，个人至少可以通过停止以后的合作和交往的方式来对违背信任一方给予惩罚，也就是说其可以选择退出，或者选择去信任其他人，而在面对政府公信力的过程中这样的情形并不存在，与普通社会信任不同，政府公信力的建立和作用不能建立在个人知识或者个人制裁上[①]，在这个意义上讲，如果政府不能够营造一种信任的氛围，通过自身努力争取公众的信任，公众就可能产生对政府的不信任或者冷漠态度。虽然普世主义价值观要求人与人之间应相互信任，但并没理由要求人应该相信政府，所以在政府公信力所在的关系中，政府应该对信任的形成负主要责任，使自己表现得值得信任。因此，政府作为政府公信力的主体，信任责任的履行主要表现为以下方面。

首先，必须存在制约公共权力和规范公共权力运行的制度安排。不受约束和限制的公共权力是不值得信任的，在权力不受限制的国家里，政府的行为带有很大的随意性，公众的权利鲜有保障，政府行为的规律性差，公众很难形成明确的预期，强大的政府公信力和长期的政府公信力几乎没有存在的可能，任何个人的长期计划都是冒险的。在这样一种政治环境下，公众也很难指望政府能够充当公正的裁判者和调解者，任何超出家庭圈子之外的信任形式都是冒险的。因此，必须有一种制度安排来规范公共权力的使用，包括规定权力的来源、设定公共权力的运行规则、明确公共权力的使用领域、缩小公共权力的自由发挥空间，对权力的运行实行全程监督。这种制度安排在地位上须具有优先性，高于任何其他的具体的政治制度，成为规范公共生活的最高准则，是公共生活的第一规则，在宪法中以法律条文的形式确定下来。这样的制度安排不是建立较高政府公信力的充分条件，而是防止对政府不信任情况大量出现的必要条件。公共权力在实际运

---

① Kenneth Newton. Social Trust and Political Disaffection： Social Capital and Democracy. http://sqp:nl/lugano/newton:pdf.

行中经常出现偏差和越界行为，因此，在制度安排中，固定的、制度化的纠偏措施的存在至关重要。这些纠偏措施是刚性的，不能因人而异、朝令夕改，它是一种"制度化的安排原则"。在当前资本主义民主国家的实践中，主要有以下十种制度化的关于监督政府公信力的制度安排原则：合法性原则；定期选举制和公职任期制；分权、控制、平衡、限制公共机构权限的原则；法治和司法独立的原则；立宪制度和司法审查原则；正当程序原则；公众权利原则；法律强制原则；公开交流原则；社团政治原则。当公共生活中公共权力的运行偏离设定的轨道，侵害到组织和个人权利的时候，从而失去公众信任的时候，这些制度化制度安排原则就可以充当超越于公众与政府之上的准第三者的角色，把公共权力拉回到预定的轨道上来。但是，这些制度化原则的"广泛的、潜在的有效性必须和其非常有限的现实化相适应"[①]。这类检查和控制机制越公平、越正义、越有效率，公众对政府和政治的信任将会越多。这些制约和限制公共权力的制度安排是公共生活中的第一规则，如果公众能够认同这些游戏规则并相信游戏规则的有效性，就能够激发起公众对政府和政治的信任。

其次，政府要履行基本职能，完成事先承诺的事项，满足公众的期望。政府最基本的职能是提供一种秩序，秩序是可以被普遍感受到的，不存在人口统计学上的差异，也不存在社会阶层间的差异。总之，在对政府应当提供秩序这一点上公众中间不存在分歧。除了提供秩序之外，政府还应当做什么？在这个问题上不同的公众会有不同的看法。一般来讲，政府应当做那些公众所期望的事情，但是公众对政府的期望是不同的，是有差异的，个人在不同的时间点上对政府的期望也是不同的。因此，政府就需要综合绝大多数公众的意愿，就"政府应当做什么"制定一个规范，这个规范可称之为第二规则，如果公众能够认可这个游戏规则，他们对政府绩效的认识将越理性，如果有大量的公众不认可这个游戏规则，这说明规则没有充分代表民意，容易造成公众在对政府绩效认知上的混乱。依据第二级规则，政府来设定自己的政策，这类似于做出一个事先的承诺。"政府实际做了什么"主要就是看它是否兑现了承诺。政府如果兑现了承诺，就为自己积

---

① 彼得·什托姆普卡.信任：一种社会学理论[M].程胜利,译.北京：中华书局,2005:194.

累了可信度,就可能激发公众的信任;政府如果没有兑现承诺,就可能激发公众的不信任。

政府总是通过其各级代理人来为公众服务。安东尼·吉登斯将公众或者组织与政府代理人的接触看作他们进入抽象体系的入口,这个入口是当面承诺和非当面承诺的交汇处,"交汇口既是抽象体系的薄弱环节,又是信任得以维系或建立的交叉点"[①]。因此,在交汇口的代理人的品行和能力就显得十分重要了。政府各级代理人的行为在很大程度上左右着公众对政府的判断,是其产生对政府的信任感或者不信任感的重要条件。政府必须制定严格的规范来选拔合格的代理人,督促代理人遵守职业道德,有效率地处理公众的诉求。

## 二、公众:政府公信力的客体

公众是政府公信力的受众,其实都是现实中的人,是处在一定社会关系中的人。因此,考察公众对政府的信任必须从现实的人出发,这种分析视角有助于辨明政府公信力的个体差异。人的需求构成行为的动机,成为其一切活动,包括政治活动的基础。马斯洛的层次需求论描绘了人的阶梯型的需要,他把人类的需要划分为两大类:一类是缺失性动机引起的,可以称为生存的基本需要;一类是由成长性动机引起的,可以称为发展的高级需要[②]。第一类需要主要是从外部填充的,是维持个体生命的基本需要,是人之为人的最低需要,是一种本能的需要,主要是物质的需要。第二类需要只有在第一类需要满足之后才能被提出来,是一种超越生存层面的发展和完善个体的需要,主要是精神或者价值性需要。低级需要和高级需要按照先后可以分为五个层次:生理上的需要、安全上的需要、社交上的需要、尊重的需要、自我实现的需要。生理上的和安全上的需要属于低级需要,社交上的需要、尊重的需要和自我实现的需要属于高级需要。前一个层次需要的满足是产生后一个层次需要的前提和基础。信任的需要通常被归入到社交的需要中,在社交的需要中,个人更多地希望自己能够被别人信任,也希望自己的信任能够得到同样的回报,从而获得一种认同感和归属感,

---

① 安东尼·吉登斯. 现代性的后果[M]. 田禾,译;黄平,校. 南京:译林出版社,2000:77.
② 丁东红. 人之解读[M]. 石家庄:河北教育出版社,2001:218.

这里所讲的信任主要是社会信任。只有在前两个层次的需要有了一定程度的满足之后信任的需要才会产生。就政府公信力来讲，如果政府的绩效能够满足当前社会阶段上大多数个体最迫切的需要，就能够激发更多的对政府的信任。一个正处在为摆脱饥饿而奋斗的社会，政府被寄希望于能够提供更多的物质资料，而民主、自由等价值性的需要就显得不那么迫切了。当一个社会的大多数人已经满足了基本的物质和安全的需要的时候，那么政府在经济上的成功就不一定能激发更多的公众对政府的信任，因为他们的需要已经开始向价值性的需要转变。在一个现实的社会环境中，由于每个个体所处的需要阶段不同，政府在某一特定时期的客观绩效并不能引发相同的信任倾向。人的最迫切的需要才是激励人行动的根本原因和动力，所以，一个政府要想赢得大多数公众的信任，必须准确地把握住一个社会中大多数人当前所处的需要层级。

公众的多重身份和扮演的不同角色对政府公信力的分析也有着重要的意义。同一个公众，处在不同的角色位置上，对政府可能有着不同的期望，态度也会不同，他们对政府的信任可能是混合的。公众卷入政治通常有两种方式，作为参与者和作为国民[①]。公众作为参与者，主要是指公众参与政治系统的输入，简单来讲，就是提要求，表达自己的意愿，讨价还价，以达到影响政治决策，最终使政治系统输出有利于自己的政策的目的。公众的参与程度和参与效率是由两方面因素决定的，一方面取决于制度本身所提供的参与空间和可供选择的参与渠道，另一方面取决于公众自身的参与能力，比如教育水平的高低、政治知识的多寡、参与技巧的掌握等等。一般来讲，教育水平越高，对政治事务越了解，参与的积极性就越高，参与的效率也越高。借用克雷格的政治效率概念来分析，内部效率越高，公众参与的积极性就越大，参与也越容易成功；外部效率越高，越能激发积极的参与。就政治参与和政府公信力的关系而言，政府公信力越高且存在制度化的参与渠道，那么公众的参与积极性就会越高；反过来，公众参与越有效，就会激发更大的政府公信力。但是如果一个政治制度没有提供制度化的参与渠道，公众过高的参与热情就可能以非常规的形式出现，进而

---

① 阿尔蒙德,小鲍威尔.当代比较政治学[M].朱曾汉,林铮,译.北京:商务印书馆,1993:64

对政治体系的稳定构成威胁。

公众作为国民主要是以四种角色体现的,一是作为资源提供者,比如生产者、纳税人、应征入伍的兵源等;二是作为资源获得者,比如社会保障领受者、福利领受者、退伍军人福利领受者等;三是作为行为受管制者,比如服从法律等;四是作为象征领受者、提供者,比如宣誓入会或者效忠、听取政治演说等。在公众作为国民的四种角色中,除了作为资源获得者外,其他三项主要强调公众对国家的责任,公众被要求遵守法律和公共政策,响应国家的号召,尽到公众应尽的义务。一般来讲,公众对政府和政治的信任越高,他们就会更自觉地纳税、应征入伍,更加顺从法律,更加积极地参与象征性活动,反向的强化趋势不太明显,公众自觉纳税、自愿顺从法律只能表明政府公信力水平较高,而不一定能促进政府公信力水平的提升。公众作为资源获得者的角色和政府公信力的关系是复杂的。从国家获取资源在公众看来是理所当然的,是国家对公众应尽的责任,当领受资源的水平不断上升时,公众会产生对政府的较高程度的信任和依赖,当领受资源的水平下降时,这种信任就会逆转。另外,政府对资源的发放进行有效的监督也十分必要,如果这种资源被公正地使用,使得符合条件的公众获得应有的资源,利益得到应有的实现,信任程度就会提升。

## 三、输出与反馈系统

在对政府公信力的政府要素和公众要素进行了分析的基础上,还需要明确这两个结构性要素之间有怎样的相互关系。参考传播学中赖利夫妇的"大众传播与社会系统"模式,① 也可以分析政府公信力影响因素之间的系统性作用关系。

首先,政府公信力的主体输出者和反馈评价者分别是政府和公众,作为群体性概念的公众可能受到政府的影响而选择采取何种方式来接收并判

---

① 大众传播与社会系统模式的基本观点是:传播过程是处于社会系统中并受其影响的一个子系统,所有的传播过程都可以看作一个系统的活动。传播系统既与社会中其他系统相联系,又具有自身相对的独立性。从这样的角度来看,传播过程中传受双方都是具有人内传播的个体系统;这些个体系统之间相互影响,构成人际传播;个体系统又不是独立存在的,而是从属于各自的群体,这样,群体系统之间又形成群体传播;而个体、群体又都是社会的组成部分,他们总是在社会中运行,因而又与总的社会系统有着互动关系。赖利夫妇的系统模式着眼于传播过程的宏观环境,更多地对社会系统的整体环境加以研究,并将传播过程放到要素之间的作用关系中把握传播过程。

断政府公信力的高低；政府也会听取公众的意见，改变自身的理念、行为等因素。这二者之间是相互影响并发生作用的。

其次，公众和政府不是在社会真空中发挥作用，因而可以将公众和政府都视为处于不同层次的社会结构之中的一个系统，即政府公信力作用系统。它一方面会受到更大的社会系统框架的影响，另一方面又影响着这个更大的社会过程。在公众对政府的信任形成中，甚至在任何信任的形成中，信息都是非常重要的。缺乏信息，信任就无法起步。在人际信任中，所需的信息主要是由个人来寻求的，而且这种信息的量相对来讲很小。而在公众对政府的信任关系中，所需信息量较大，而且绝大部分信息都无法通过个人直接来获取，个人缺乏这种能力。在政府公信力中，公众获取的政治信息主要是第二手的或者是第三手的[1]，在大规模的现代社会，提供这种信息的是沟通系统，在今天主要是大众传媒，所以媒体提供的信息是否真实、是否全面、是否具有倾向性等直接影响着公众对政府的评价。

詹姆斯·科尔曼强调信息在解释现代社会中信任的性质和方向以及社会资本建设方面的重要性。[2] 他认为，在现代社会，"大众媒介逐渐充当起信任关系的中介人，人们信任他们的判断"[3]。大众媒介的出现减少了以欺骗性信息为基础的信任扩散，同时却导致了信任减弱。科尔曼认为，美国社会中对政府领导人和政治机构的信任的持续下降原因可能在于大众媒介的强化，特别是电视的普及。他根据的是这样一种推断：在政府公信力持续下降的同时，而公众对电视新闻的信任感增强，对出版业的信任历久不变。[4] 人们越信任媒体，媒体越不受政府控制，越是敢作敢为，以此来吸引更多的眼球，这直接造成了政府公信力的减弱，使得公众通过家庭、学校等社会化媒介所形成的政治倾向受到致命的影响。

奥兰多·帕特森认为，电视以四种方式促进对政治的不信任：第一，它们按照自己的倾向，不是聚焦于问题而是聚焦于对政治人物进行揭露性的调查而直接这样做。不过，这种影响方式有限。第二，它们通过经常的、

---

[1] Kenneth Newton. Social Trust and Political Disaffection. social capital and democracy. http://sqp:nUlugano/newton:pdf.
[2] 马克·沃伦.民主与信任[M].吴辉,译.北京：华夏出版社,2004:180
[3] 詹姆斯·S.科尔曼.社会理论的基础[M].邓方,译.北京：社会科学文献出版社,1999:226.
[4] 詹姆斯·S.科尔曼.社会理论的基础[M].邓方,译.北京：社会科学文献出版社,1999:226.

第二章
政府公信力的运行机理：逻辑、前提和要素

不计内容的电视观看所促进的普遍不信任而间接地这样做。这种普遍不信任的对象不可避免地会波及政治领域。第三，它们通过在戏剧节目和新闻节目中不间断地强调暴力来间接这样做。第四，他们通过对城市犯罪，碰巧也是不相称的黑人犯罪的大量关注，促进种族主义陈规，从而更特殊地这样做。① 帕特南对媒体（尤其是电视）与政府公信力复杂关系的分析至今仍在争论之中。他认为，造成美国社会中政治参与和社会资本下降的一个主要因素是电视。② 电视占据了人们休闲的大部分时间，这种方式使得休闲更加"个体化"和"私人化"，很多传统的社会参与形式减少了，造成社会资本的部分流失，把人们的兴趣从政治参与中转移了出来，从而影响到了政治活力和政府效率。哈瑟琳顿和帕特南在这个问题的基本观点是一致的，他通过研究还发现看电视与不断下降的政府公信力有直接联系，而报纸读者显示出了比较高水平的信任。帕特南及其支持者的观点引发了热烈的讨论和持续的关注，也招致了大量的批评。一些人针锋相对地认为，大众媒体，尤其是电视充当了政治知识教导者的角色，民主政治的健康运转需要"见多识广"的公众的参与，除了教育作为政治社会化手段在青少年中普及政治知识之外，大众媒体在为成年人传递政治信息方面，负有很大的责任，电视本身就具有教育、报告、增强信任及动员选民的能力。他们总的观点是：公众对政治知道的太少了，所以他们对政治的信任程度不高。这些人认为，政府公信力是一种主动的姿态，它不仅是一种信念，也是一种行动，从信念到行动的跨越离不开政治知识，只有当公众的政治知识越多，他们参与政治的兴趣才会越浓厚，政治参与的效率才会越高。帕特森通过分析指出，越是见多识广，受过的教育越多，人们往往就越信任。总之，在普及政治知识方面，大众媒体功不可没。

就电视的影响而言，那些认为观看电视造成政府公信力下降的学者们认为如今电视报道的内容过于娱乐化、消遣化和暴力化，报道的目的更倾向于丑化而不是美化政府领导人和政治机构，报纸则相对严肃和正式，但是观看电视的人越来越多，占有的时间也越来越长；看报纸的人数越来越

---

① 马克·沃伦.民主与信任[M].吴辉，译.北京：华夏出版社，2004:184.
② 帕特南在 1995 年发表《独自打保龄球：美国下降的社会资本》一文中提出电视是造成社会资本下降的主要原因之一。

少，占用的时间也越来越少。随着互联网的兴起和普及，互联网传播速度快、难以控制的特征也使相关政治机构控制大众媒体的成本越来越高，不可控制的趋势正在出现，这些负面消息对政府公信力造成了消极的影响。奥兰多·帕特森认为，美国人由于犯罪和暴力而大大增加的不安全感与媒体之间不间断地关注大有关系。①

除了媒体传递的政治信息的多寡、政治信息的性质影响政府公信力外，媒体自身因素也影响着政府公信力。一个社会的健康运转依赖于真实有效的沟通系统（或者称为信息传递系统）。如果沟通系统出了问题，通常表现为未能及时有效地传递真实信息（信息不透明）、虚假信息泛滥、导向偏差（媒体传递的信息不利于社会整合），那么不仅政府公信力，包括人际信任都难以普遍地出现。当前，媒体公信力不仅成为传媒界探讨的热点，也是政府公信力和社会信任研究的重要子内容之一。媒体公信力是指媒体在长期发展中以其经营理念和实际作为表现出来的得到公众认可的权威性和影响力。真实和全面是媒体公信力的基本的指标。媒体公信力处于一个枢纽的位置，它是一切象征标志②（包括货币、语言、真理、权力等）有效运转的前提，如果社会中充斥着虚假的信息，到处都是谎言，那么整个社会的信息调度就失灵了，公众无法做出判断，社会信任和政府公信力都难以大量出现。

总之，今天的公共生活和大众参与已经离不开媒体，作为传递政治知识的一个主要渠道，如果媒体自身的公信力出了问题，影响到媒体的生存和地位是次要的，更重要的是会造成公众对公共生活的冷漠和无动于衷。因此，修复和重建媒体的公信力对政府公信力的建立也是当务之急。

另外一个值得注意的趋向是，互联网这种新兴的交互式媒体在公共生活中扮演着越来越重要的地位。与电视、报纸、广播等传统媒体报道内容的有限性、时效性差、可操纵性、单向性不同，互联网具有典型的报道内容的充分性、时效性强、很难被操纵、双向性等特征。尤其是互联网的双向交互性特征，为公众提供了一个政治参与过程，进而在政治输入方面发

---

① 马克·沃伦.民主与信任[M].吴辉,译.北京：华夏出版社,2004:183.
② 吉登斯用象征标志来指相互交流的媒介，它能将信息传递开来，用不着考虑特定场景下处理这些信息的个人或者团体的特殊品质。卢曼则将之称为交往媒介。

挥影响的重要渠道，使得公众对政府政策和政治、社会等重大事件的讨论变得更加便捷和更少顾忌。当然，互联网对政府公信力也有积极作用，它使得政治过程和政策制定受到前所未有的限制和舆论压力，迫使政府更具响应性，促进政府改革，这将使公共生活更加有质量，政策更具代表性，从而有助于公共生活的健康快速发展。

# 第三章 政府公信力的变迁：从管制型政府到服务型政府的演进

"在分析任何一个社会问题时，马克思主义理论的绝对要求，就是把问题提到一定的历史范围内，而对'一定的历史范围'的把握，不仅是一个理论问题，也是一个重大的实践问题。"[①]

——列宁

---

[①] 列宁选集（第2卷）[M]. 北京：人民出版社,1995:375.

# 第三章 政府公信力的变迁：从管型政府到服务型政府的演进

从国内外政治发展进程中都可以得出这样的结论：作为公共权力的掌控者——政府，本身并不是一成不变的，现实中的政府会因为社会的发展、经济结构的变化以及国际环境等因素的变化而发生改变，政府的角色、地位和功能都在随着社会的发展而发展。对政府总的发展趋势的判断是：随着政治文明的发展和政治生态的优化，政府将逐步从全能型、统治型和管制型政府向有限型、治理型和服务型政府转变。这一进程未必不是直线型的，但是方向和规律不会发生变化。在不同类型政府的变迁中，政府公信力的内涵、外延和作用方式也有一个逻辑的变化过程。换而言之，从管制型政府到服务型政府，是政府改革角色与职能的重大变化之一，这种变化的逻辑符合社会发展和政治进步的必然规律。我们通过管制型政府向服务型政府演进过程中政府角色的深刻变化，以此解释和梳理此进程中政府公信力的变迁。

## ■第一节 政府角色转变与政府公信力变迁：从全面管制到有限服务

### 一、作为统治者的政府及其公信力

（1）作为统治者的政府

"Government"一词既可以翻译成"政府"，也可翻译成"统治"。作为统治者政府是从诞生之初就具有的一种角色，也是政府最低级、最原始的一种角色。这种角色定位是有其深刻根源的，马克思、恩格斯对此有过深入论述，恩格斯的《家庭、私有制和国家的起源》认为国家是阶级矛盾不可调和的产物，是阶级统治的工具，政府作为国家的代表，实现国家的政治统治。可见，政府的角色，准确地说最主要的、最根本的角色就是统治者的角色，其目标是实现统治阶级的利益和意志。政府的其他角色定位，如社会管理者、经济仲裁者等都是为实现其政治统治目的而衍生出来的。这的确符合政府产生之初的社会条件和时代要求。作为统治者的政府，最典型的是中国从夏商周奴隶国家政府到秦汉及至清朝的封建国家政府，以及欧洲的罗马帝国、英国斯图亚特王朝、法国波旁王朝等王权政治政府。纵观这些政府，无论是奴隶制国家还是封建制王朝，不管是东方还是西方，其政府活动都以政治统治为主。作为统治者的政府，其权力的获得是通过战争或者通过王位继承来获得的，国王或皇帝是最高的代表和唯一的中心。中国的古语"普天之下，莫非王土；四海之滨，莫非王臣"很准确地说明了这个问题。这样的政府主要就是作为镇压国内反叛者、反对外族入侵的角色存在和运行的。虽然此时政府已经具有了社会管理职能，但完全是为其政治统治服务的。

随着政府活动环境的变迁，作为统治者的政府，管理社会公共事务的职能逐渐凸现出来。尤其是英国工业革命后，工业化和城市化大力推进，社会公共事务变得空前繁多和复杂，社会管理职能成为政府职能的主要表现形式，在政府的角色定位中有着特殊的地位和意义，这一时期似乎已经进入了一个社会管理职能至上的时代。但事实上，正如马克思所指出的，"现代的资本主义国家不过是管理整个资产阶级共同事务的委员会罢了"①。政府体制发生根本变化是在俄国十月革命后，经过了战争的洗礼，在资本主义的废墟上或半殖民地半封建社会的土地上建立起了一系列社会主义国家和政府。包括之后的中国也建立起了高度集中统一的计划经济体制，更加突出了政府在社会生活中的地位，从生产、分配、交换、消费的整个物质资料的运行过程都按政府的计划指令办事。大到国家安全，小到家庭类事务都被政府通过行政手段包揽，政府是绝对的垄断者，一切社会问题都由政府统管，几乎所有资源都由政府经营和配置。社会管理职能至上并不意味着政府的角色发生了改变，而且由于政府的活动更加深入地进入到每一个社会领域，政府的统治力量事实上得到了增强，政府依然被定位在统治者的角色上，本质并没有发生改变。

对社会的全面管制是作为统治者的政府活动的主题，政府包揽了包括政治、经济、社会甚至文化的绝大部分事务，在国家生活中无所不及，无所不包，垄断一切社会资源和自然资源，成为整个社会生活的主导者。尤

---

① 马克思恩格斯选集（第4卷）[M]．北京：人民出版社，1972:166.

## 第三章
### 政府公信力的变迁：从管型政府到服务型政府的演进

其在一些缺乏民主传统的计划经济体制国家，这一主题表现得更为突出。

定位在统治者角色的政府试图控制社会的绝大部分，甚至极端到掌控社会的全部生产和公共生活，以家长式的态度和方式处理与社会公众的关系。政府既然是统治者，那么在其统治下的社会必然是弱社会，自主性极差，依附性极强。强政府弱社会必然带来一系列与之相适应的体制特征。"第一，与传统的'官本位'结合在一起，形成长官意志与臣民文化盛行。第二，与传统的计划经济体制融合在一起，形成政治经济的一体化。第三，政府包揽一切，排斥和遏制社会力量。第四，行政权力过分扩张，形成庞大而臃肿的机构。"[①]作为统治者的政府一旦确立和稳固，不可避免地向集权政府的方向发展，往往会忽略公众权利的保障以及人的自由发展。

在经济层面，计划经济体制是作为统治者的政府必然选择的政治经济一体化的制度安排。"一般说来，在计划经济条件下，国家与社会是一体化的，政府是万能的、权力是无限的；而在市场经济条件下，国家与社会是二元化的结构，政府的能力和作用是有限的。"[②]计划经济体制国家大多具有深远的专制主义政治文化传统，对于政府和社会关系的历史文化思想积淀都是政府至上主义的。这也解释了为什么西方国家更早地摆脱了政府作为统治者的角色定位，在西方传统政治文化中，对政府往往抱有高度的警惕心，西方政治文化中长期以来，对政府都持一种谨慎的态度，甚至把政府看成是必要的"恶"。即使在集权时代也是如此，因此，现代西方人更愿意认定和易于接受政府是从属于社会的，即政府是经由人民主权者通过社会契约而建立的国家并通过法律授权而形成的"权力代行者"这一假设性论断。而曾经坚定实行计划经济体制的国家，如苏联和中国等，由于同西方的资本主义国家政治文化传统的差异，在国家发展历史上，都具有悠久的专制独裁传统。因此，在长期的专制和独裁统治之下，便形成了强政府弱社会的管理格局，人民也逐渐被驯服并具有依附性，政府权威的至高无上成为政治文化潜意识，使计划经济体制的推行具有更具强制性的政治和文化基础，推行起来相对要容易得多。

---

① 彭澎.政府角色论[M].北京：中国社会科学出版社,2002:58.
② 彭澎.政府角色论[M].北京：中国社会科学出版社,2002:56.

（2）统治者的公信力

那么，作为统治者的政府存在公信力吗？答案是肯定的。而且由于统治者这一角色的特殊性，其公信力来源也是特殊的，内涵也有着独特的界定。

作为统治者的政府，其公信力来源于强制力。从阶级冲突论对国家的起源、本质、职能的分析来看，在国家和政府产生的同时，既伴随着国家内部政治上的不稳定，也先天地拥有了强制性的公信力，政府必然获得统治阶级内部的信任，被统治者也必须相信政府。而阶级冲突论也揭示了奴隶与奴隶主的矛盾、农民与封建地主的矛盾、无产阶级和资产阶级的矛盾从根本上来讲是不可调和的，并且无法通过和平手段达到互相信任的状态。由于此时政府的产生并不是如社会契约论认为的那样是一个平等协商签约的结果，因此公信力虽然产生了但并不稳定。起源上的强制途径使得阶级国家维持政治统治的手段也必然以强制手段为主。阶级国家的政府从一开始并不具备真正意义上的合法性，因为没有得到大多数公众的认同和支持。然而无论什么性质的政府，在成立之后都得到了一定的公信力，即便少数派的或强制的公信力，也在使用各种手段提高这种公信力为自己争取合法性。但是，就像暴力手段本身无法为国家赢得合法性一样，强制力常常会给政府公信力带来负面的影响。所以，政府往往会尽量减少强制性暴力手段的使用，转而借助其他手段甚至非强制手段来为自己赢得公信力，比如宗教、意识形态、价值观等。表面上看，国家起源上的强制性使得政府公信力起初一般处于强势地位，然而这种政府公信力很可能不是一种真正意义上的公信力，所以，任何阶级国家的政府都会千方百计为自己不合法的起源披上合法的解释和外衣，采取不同的手段骗取或强迫公众给予信任以获得强制性的公信力。

作为统治者的政府，对其公信力内涵的界定，以及公信力的状态与我们的认识有较大的不同。作为统治者的政府，往往把公众对其的依赖性等同于政府的公信力。以中国为例，长期以来选贤与能治理国家的善治思想，使公众对政府的信用能力带有天然属性。同时，由于传统文化中的官本位影响，公众对政府的依赖性的确较强，对于政府常常充满信任，这造成了

# 第三章
## 政府公信力的变迁：从管型政府到服务型政府的演进

政府公信力在缺乏实质性基础的情况下仍能保持高位运行。因此，统治者往往认为，公众对政府的依赖性越大，则政府的公信力也就越高，政府的统治就会愈发坚固。这一判断本质上是有其内在的、根深蒂固的矛盾的，即政府的无限管制和政府有限能力内在之间的冲突。据此可以推论，政府公信力其实是一种政府的能力，并非公众对政府的依赖，政府的管制越全面，其能力的缺陷也就会愈发凸显，并最终导致政府的无以为继，政府便不得不变革经济体制和政治体制以维系和继续其统治。

另外，作为统治者的政府公信力，其基础是贤人政治、熟人政治，即在一个不大的政治社会中，成员能够足够地了解执政者从而信任执政者，让一个贤者领导社会事务，让其能够大胆地放手去干。在这种政治体系中，普通成员缺乏对执政者的制度约束，只能寄希望于执政者本身的"贤能"。事实上，这种政治哲学也不鼓励民众对执政者的监督机制，因为信任与监督存在一种天然的逻辑矛盾，信任也就意味着无需监督，而监督的内在逻辑就是对执政者不能信任。所以，在儒家的政治哲学中，特别强调统治者本身的道德修养，因为在监督制度缺位的情况下，如果统治者不具备百姓能够依赖、信任的美德，这种政治体系便会从根本上丧失其效能，并走向无能政治。

从历史进程的基本经验可以看出，即使在古代这种信任政治也很难有效施行，因为贤人毕竟只是极少数，并且没有一个合理的程序来保障这种贤人能够成为统治者，统治者身而为贤人并且能够长久地作为贤人也是极其困难的。在绝对权力的侵蚀下，绝大多数统治者的美德防线都会崩溃。"五百年方有王者兴"，而那些极少数能够坚守住这道防线的人，则成了后人极难模仿的圣人。由于没有有效的信任评估与监督机制，任何一个统治者都不会说自己失去了百姓的信任，更不会自动退位让贤，其结果是一个又一个王朝在极度失望的农民发动的起义中被推翻，古代中国政治也因此陷于暴力政治的恶性循环之中。

随着现代政治的发展，政府角色必须重新定位，对政府公信力的理解和运用都要从政府新的角色定位出发。这是因为：一方面是公民权利意识的空前觉醒，另一方面是政府权力越来越大，其政策影响到人们生活的方方面面、一言一行，它既是公民权利的最大保障者，也是公民权利的最大还原者。在这种情况下，特别是在没有制度约束的情况下，对统治者和政府寄予过多信任是危险的。过多信任的结果只会导致监督、制约机制的缺乏，从而使应然意义上的好人政治变成实然意义上的恶人政治，最终摧毁政府本来就缺少实质的公信力。西方许多学者认为，从上述意义上说，公民有权不信任政府，也应该不信任政府。现代政治的特征只能是"可以"不信任，而不能是"必须"信任。只有以不信任为政治逻辑起点，整个政治系统中才会有强有力的监督机制，才会有各种大胆的约束与批评，政府也才会在民意面前谨言慎行，不敢松懈。西方学者的观点，有着一定的局限性，但显然，公众和政府之间的信任要想真正建立，必须首先打破统治与被统治的社会结构，也就是在执政意识上必须走出统治视角。

## 二、作为代理者的政府及其公信力

（1）作为代理者的政府

作为代理者的政府角色其理论基础是委托代理理论。委托代理理论是契约理论最重要的发展之一，它是20世纪60年代末70年代初一些经济学家深入研究企业内部信息不对称和激励问题发展起来的。委托代理理论在公共领域的运用，是把公共生活理解为一系列委托人一方与代理人一方发生交易的合同或协议关系，根据合同条款，代理人代表委托人完成各种任务，而委托人同意为此以一种双方均接受的方式付给代理人报酬。这种理论在现实中的应用是，现代民主国家的公众，用手中的选票把社会公共事务委托给值得信赖的政府及其官僚组织，政府作为受选民委托的代理人，根据选民的授权采取行动完成选民委托的公共事务。

作为代理者的政府已经非常符合现代政府公信力内涵的要求。在这一角色定位下，公众信任政府的过程，实际上是作为委托人将行政权力委托给其信任的代理人即政府的过程。原因在于，公众相信政府具有诚实守信的良好品格和道德责任感，能够掌握并运用好公共权力；以及公众相信政府具有胜任行政运营之责任的能力。政府作为代理者，意味着如果政府不讲诚信，不能切实维护和增进公众的利益，甚至为自身谋私利，那么政府

### 第三章 政府公信力的变迁：从管型政府到服务型政府的演进

与公众之间的契约就将作废，两者之间的和谐关系将被破坏，政府立即就会失去公众的信任，整个社会也会陷入信任危机，这样的政府最后必然面临被更替的命运。

在代理者的角色定位下，委托人和代理人都必须依照约定办事。在约定的范围内，政府应该一切行为为公众利益着想，一切为公众利益服务，同时在实际行为中接受公众的监督，及时根据委托人要求调整公共政策。政府公信力此时是确保政府与人民之间委托代理关系的基础。经济上，市场经济是作为代理者的政府选择的经济体制，在市场经济体制下，作为代理者的政府只是履行约定的职责，并不深入到社会经济运行的方方面面。

（2）代理者的公信力

当政府作为代理者出现时，公众就成为委托人的角色，此时政府公信力主要包括三方面的内容：一是名与实的一致，即以政府权力设置为基础的政府职能的设置与政府责任的承担相一致，也就是政府行政权限的范围、行政组织的规模、利益获取的程度必须与维护和增进公众利益的程度和提供公共服务和产品的质量相一致，此为政府公信力的政治基础；二是言和行的一致，即管理理念与管理实践的一致，政策制定和政策执行一致，也就是将公众的承诺和对承诺的兑现相结合，做到"言必信，行必果"，不能出尔反尔，朝令夕改，此为政府公信力的管理基础。三是"信民"和"民信"的一致，即政府取信于民的管理行径与民众对政府的理性预期和信任期待相一致，此为政府诚信的行为基础。如果以此为标准，一旦政府的政治基础、管理基础和行为基础符合公众预期和利益诉求，政府执政的合法性便会得到保障和巩固，整个社会的和谐程度也会提高，建设和完善市场经济就有了稳定的社会基础。

然而，作为代理者的政府，在客观上也面临着政府公信力的严正考验。首先，政府作为政治代理人也存在自利倾向。公共选择理论认为，在经济市场和政治市场活动的是同一个人，没有理由相信同一个人会根据两种完全不同的行为动机进行活动。尤其在市场经济环境中，政府必然扮演着双重角色，即是公众利益的代表和利益集团的代表。当公共利益和利益集团发生利益冲突时，政府必须做出选择，通常情况下政府往往会使公众利益服从于利益集团的需要。从政府中个人的角度出发，政府公职人员在执行公务时同样是身兼两任，既代表公众利益，也有个人利益，当自身利益与公共利益相冲突，同时公务人员又有途径和条件通过损害民众利益来增进自身利益时，公职人员中的一部分意志薄弱和品德低下者就会以权谋私，当权力监督缺失和乏力的时候，政府公信力便会存在受到损害的危机。另外，政府有限理性的客观存在也往往会增加政府失灵的风险，从而影响政府的公信力水平。由于客观环境的变迁和自身能力的限制，政府不可能完全了解和制定出所有备选方案，也无力评估出所有备选方案的实施后果。因此，政府在行使权力和履行职责的过程中，也会出现决策失误，因此决策的民主化和科学化一直都是公共政策发展的致力目标和基本价值维度。

## 三、政府角色转变的本质：从全面管制到有限服务治理观念的转变

社会的发展是一个由低级到高级，由简单到复杂的过程。相应地，政府治理必然要经历从统治到代理再到服务的历史演化。从公共管理学中的制度和权力两个维度看，政府角色的转变过程是不同的制度体系和权力结构依次更迭的历史进程。从统治者到代理者的转变，是法制取代权制、法权取代神权与王权的过程，而政府服务者角色的出现，又是一个德法同构的过程。

首先，美国科学史家托马斯·库恩的"范式"理论认为："由于人们认识和理解社会能力的提高，'管制型社会治理'的范式必将向'服务型社会治理'的范式转变"。[1] "管制型社会治理范式首先表现在观念范式上，即一套建立在政府与社会价值关系基础之上的政府的价值信念。不过它是一种以颠倒形式出现的，原来作为价值主体的社会变成了价值客体，作为价值客体的政府变成了价值主体。因此，在政府与社会的关系中，政府是主导与积极的，社会是顺从与消极的，这就决定了官与民的关系也必然是倒置的，即'官主民从'"。其次，在规则范式上，管制型社会治理于政府主导的观念范式的基础上，自然就形成了一整套固定化了的政府及其官

---

[1] 孙启贵. 库恩"范式"的文化涵义 [J]. 合肥工业大学学报, 2000(1):29.

第三章
政府公信力的变迁：从管型政府到服务型政府的演进

员的行为准则和程序规则，例如：国家至上、全能政府、强制行政、权力万能等。再次，管制型社会治理必须付诸实施，具备可操作性，即在操作范式上，是一些具体的可操作的解决政府与社会之间冲突，以及政府对于社会进行统治与管理的手段与途径。"① 在整个管制型社会治理范式的系统中，观念范式是整个社会治理范式的核心，规则范式是社会治理范式的保障，操作范式是联结政府与社会关系的外围路径与现实行为。其中，观念范式是最稳定的，通常不易发生变化，而一旦观念范式发生了变化，整个系统便会发生一次"格式塔"②的转换。

无论是作为统治者的政府，还是作为代理者的政府，都表现了强烈的对权力的崇尚。公共权力不仅是政府存在的合法性，也是一切政府展开管理活动的基础，政府及其所代表的阶级或群体正是依靠权力来实现对整个社会的强制性管理的。不过需要强调的是，依赖权力的控制性、外向性和强制力来维持的公共秩序，必然是一种极其有限的公共秩序。按照库恩的理论，"当已被接受的现行范式中矛盾不断积累，范式的转换便开始酝酿，即当矛盾集腋成裘、积少成多，发展到足以推翻主导范式时，新的范式就取而代之。这便是社会治理中管制型范式的主导地位逐步沦丧，服务型社会治理模式得以确立的必然因由。"③

政府以服务者作为角色定位，是社会发展的必然，也是人类社会不断进步的结果。服务型政府意味着政府将以服务而不是以权力的扩张或法律的制约为宗旨，在服务型政府的公共治理中，权力、法律和道德规范被整合在一起，形成在道德精神统摄下权治、法治、德治相统一的治理体系。公信力由于其政治伦理的属性，其在治理体系中的地位有了质的提升。作为服务者的政府，权力是社会授予的，意味着它没有特权。政府成员的权利来自其对集体的贡献，更多的因其自身素质和社会需求。这样，政府和

---

① 刘祖云. 历史与逻辑视野中的"服务型政府" [J]. 南京社会科学：2004(9).
② "格式塔"（Gestalt）一词具有两种涵义。一种涵义是指形状或形式，亦即物体的性质，例如，用"有角的"或"对称的"这样一些术语来表示物体的一般性质，以示三角形（在几何图形中）或时间序列（在曲调中）的一些特性。在这个意义上说，格式塔意即"形式"。另一种涵义是指一个具体的实体和它具有一种特殊形状或形式的特征，例如，"有角的"或"对称的"是指具体的三角形或曲调，而非第一种涵义那样意指三角形或时间序列的概念，它涉及物体本身，而不是物体的特殊形式，形式只是物体的属性之一。在这个意义上说，格式塔即任何分离的整体。
③ 孙启贵. 库恩"范式"的文化涵义 [J]. 合肥工业大学学报, 2000(1):30.

公众的关系就不再是统治和被统治，或者简单的委托和代理的关系了，双方变得利益相关、荣辱与共、前途和命运相依，所达成的共识是为了共同的利益而求同存异、协商对话，政府成为服务者带来的结果是治者和被治者的界线逐渐模糊。

当然，现实中"管制"与"服务"是很难截然分开的。没有只有"管制"对象和功能、没有"服务"对象和功能的政府，反之亦然；不同性质政府的区别只在于"管制"与"服务"的对象和功能不同。正确理解"建设服务型政府，强化社会管理和公共服务职能"，"在服务中实施管理，在管理中体现服务"才是更为规范的提法，"管制"与"服务"相辅相成、不能割裂。"服务型政府"，不能否定、排斥"管制"。

## 第二节 服务型政府：现代政府改革的价值取向

从政府角色的发展和变化来看，政府改革的趋势是有着其内在的价值取向的，政府公信力的高低很大程度上取决于政府是否符合现代政府改革的价值取向。当今世界，与现代政府公信力内涵相一致的政府改革取向，是把政府定位在服务者的角色上。也就是说，根据我们现在对政府公信力的理解和认识，建设服务型政府是塑造和提升政府公信力的有效途径，同时，政府公信力也是建设服务型政府的基础之一，此二者存在相互作用的关系。

### 一、市场经济体制下政府职能的适应性调整

政府角色的转变并不是内发的，而是以市场经济体制的发展为基础的。近现代以来，不断适应市场经济体制发展而进行的政府规模的缩减和职能范围的调整与重塑政府成为各国的共同改革取向。这种国家和政府的规模和职能范围的逐步变革，是20世纪以来世界各国政治发展和政府改革的明显趋势。

# 第三章
## 政府公信力的变迁：从管型政府到服务型政府的演进

在经历了两次世界大战以及20世纪30年代席卷整个西方资本主义经济危机之后，世界各国政府面对国际格局的动荡和国内经济的萧条，重新反思了自由主义和保守主义政府理论，深刻思考了市场失灵情况下，怎样通过政府组织规模和职能范围的扩大来加大对市场和社会的干预力度，以弥补市场这只"看不见的手"的缺陷。由于这一时期国家和政府的职能范围不断扩张，使得国有制和福利制度也不断得到扩大和强化，又将政府推向了另一个极端——形成了日益明显的政府膨胀趋势，其突出表现是政府支出占整个国家国民生产总值的比例不断上升、政府将管理触角延伸到对社会和公共生活的各个方面等。而与政府职能转变相适应的，强调政府干预市场必要性的"凯恩斯主义"①逐渐成为政府强制干预的理论支柱，传统的自由主义和保守主义政治思想和政府管理理念退居到次要地位。

然而，国家和政府规模和职能范围的不断扩大，在起到弥补市场失灵和挽救国家经济等积极作用的同时，其消极作用也十分明显并日益显现，典型地体现在长期的经济"滞胀"以及公有制和福利制度的沉重拖累，政府职能过大也不断遭到人们的质疑。于是，从20世纪70年代后期起，西方国家政府的规模和职能范围扩大的势头减弱并开始发生逆转。各国纷纷采取各种措施和手段，主要通过缩减国家和政府的规模和职能范围，并逐渐减少政府对市场和社会的干预力度来重新塑造国家和政府。这种政府职能转变的趋势逐步演变成当代西方发达国家政府改革的主流模式，而且许多发展中国家也在进行与市场经济体制相适应的政府职能调整。换言之，这一时期，世界范围内实行市场经济体制的国家和政府纷纷通过缩小政府规模和职能范围的政府改革，增强了社会的自主性，还原了市场的主体性。

在理论上，政府职能的转变是顺应公共行政系统的环境变迁和社会治理趋势而做出的适应性变革。这种适应性变革是一个复杂的渐进过程，其表现是以政府角色的转变为根本，主要包括从管制走向服务以及全能走向有限等等；其成功则有赖于政府准确的目标定位和政府利益的合理分配。事实证明，政府职能的适应性转变进一步理顺了政府和社会的关系。政府

---

① 从资本主义国家管理宏观经济方式的观点看，凯恩斯主义的出现是一个转折点，即由自由放任主义转变为国家干预经济，由把收支平衡作为理财的基本原则转变为以促成经济平衡发展为基本原则，由把税收仅作为收入的因素转变为经济平衡发展的因素。

通过把部分决策权归还社会，专注于经济环境和社会秩序维护的有限理性思维，更有利于经济的发展和社会的发育。值得强调的是，政府对经济的宏观调控以及对社会管理的指导作用是不可替代的。转变政府职能不是削弱和否定政府作用，而是通过优化政府结构功能，提高政府的行政效能。换言之，服务不等于代替管制，而是要借管制实现服务，以满足公众需要为根本，从而实现更好地为社会提供公共服务和政策保障。

因此，我们可以将服务型政府理解为"战略上的指挥者、制度上的供给者、目标上的引导者、利益上的协调者以及行动上的激励者与合作者、社会正义和公平的维护者"，①而实现服务型政府的目标模式，政府还应发挥制度设计的作用，即"提供各种机制，促使有关各方集体学会不同地点和行动领域之间的功能联系和物质上的相互依存关系"，并在战略上"促进建立共同的远景，从而鼓励新的制度安排和新的活动，以便补充和充实现有治理模式之不足"。②

## 二、服务型政府理念对现代政府公信力的重塑

所谓服务型政府理念即现代政府理念，③服务型政府的理念取决于对服务型政府内涵的理解，因此，服务型政府的理念应主要体现为有限、法治、负责以及透明，此四方面紧密相连、相互作用，共同支撑起服务型政府的基本维度和实现标准。其中，有限是服务型政府的重要前提和基石，法治是其制度性保障，负责是其道德基础，透明是其活动原则。现代政府公信力的提升，从政府的角度讲，正需要此四方面作为基础条件，有限使公众对政府的期望和要求遵循一定的限度，法治保证了政府行为不会越权、政府活动具有必要的程序，负责满足了公众对于政府的伦理要求，透明尊重的是公众的知情权和参与权。具体来说：

有限是服务型政府获取公信力的理论基础。相对于全能而言，有限主

---

① 俞可平.治理与善治[C].北京：社会科学文献出版社,2000:198.
② 〔英〕鲍勃·杰索普.治理的兴起及其失败的风险：以经济发展为例的论述[J].国际社会科学（中文版）,1999(2):100.
③ 现代政府理念是在20世纪80年代新公共管理运动蔚然成风的背景下首先由西方国家提出的，此后又得到多次修正。这一理念主张管理就是服务，政府的存在是为了满足社会的需求，政府应尽可能地为社会提供满意的公共产品。

要强调政府职能和权力的有界性,政府不是无所不包的,更不是无限度的。首先,要求把市场主体的经济活动交给市场调节。市场作为经济的基础性调节,应当在社会资源配置中起基础性作用。但是市场又不是万能的,在市场调节过程中失灵的部分,需要由政府这只"看得见的手"进行宏观调控和二次调节。其次,要求将市场机制无法满足或满足不好的社会公共需求作为政府职责的主要领域,政府不再是"全包全揽"的管制者而是"有所为、有所不为的"的服务者。同样,在国际交往和经济活动中,一旦规则涉及不允许政府的职能加以干涉的领域,那么政府必须转变角色和职能,遵守国际惯例。

法治是服务型政府获取公信力的程序保障。相对于人治而言,法治主要强调通过依宪治政、依法行政和法制监督等途径来实现依法治国的过程。在法治政府的情况下,政府的根本任务同样不是替代市场,而是通过科学决策和依法行政为市场经济的发育和成熟提供稳定的政策环境和体制保障。法治首先要约束政府,通过法治,使政府的行为具有规范性和可预见性,防止政府对经济活动的任意干预;法治还要求政府必须建立包括信息公开制度、社会听证制度、申诉制度、国家赔偿制度等一系列法律制度,保护公民、法人和其他社会团体的合法权益,维护公共利益和社会秩序,保障市场经济的健康运行与繁荣发展。政府的行政命令要以法律得以确立,行政的过程要根据法律被持续监督,保障政府公信力不会由于人的因素而大幅度地下降。

负责是服务型政府获取公信力的政治道德。责任和权力是相对的,更是一致的。一个负责任的政府,是实现经济和社会的全面、协调和可持续发展的必要条件。责任政府首先要准确定位政府与公众的关系。政府的公共权力来自公众,"责权统一"是政府活动的原则。负责即要求政府要及时回应公民需求,积极履行政府责任,从传统政治中的官民观念转变为现代政治中的平等交换和平等制约观念。设计并不断修正工作流程中的具体责任,在政府和公民之间建立良好的互动关系是负责的体现,接受监督和控制也是勇于承担责任的体现。

透明是服务型政府获取公信力的有效手段。相对于暗箱和闭塞而言,透明强调在信息化的基础上管理行为的公开透明运作，含有公民参与和监督政府的意蕴。因此，透明主要是指信息公开。公共信息的透明和公开，是现代社会治理的基本准则。一方面，信息是政府公共管理的源头活水，如果政府决策过程中没有及时、有效、准确地捕捉信息，那么政府制定的公共政策就很有可能偏离公共利益。另一方面，信息是公民了解、参与、监督政府公共管理的基本途径，信息公开是公众有效参与政府管理的前提，也是公众监督政府管理活动过程和结果的依据。政府的管理过程，特别是政府决策过程中的重大决策和涉及公共利益的决策过程，必须是民主而透明的，公众对某些决策过程的参与，对公共决策的评估，既提高决策效率，也有益于政府公信力的塑造。

## ■第三节　服务型政府公信力的实现方式

### 一、通过政治的民主化获得公信力

服务型政府首先是一个民主和负责的政府，既强调了政府的性质，也明确了政府的目标。公众通过正常程序和渠道参与国家治理，民主地表达自己的愿望，是服务型政府的本质特征。

从广义上看，"政治民主化"是指在人类历史发展进程中，政治从少数人统治向多数人统治发展的全过程。从狭义上看，"政治民主化"是指从传统社会向现代社会转型过程中，政治的形式和内容从非民主走向民主，特别是从专制走向民主的过程。民主化对任何国家和民族都是政治解放和社会进步的必然路径，而且随着科技进步、社会组织发展和公民意识的提升，公众参与政治的能力越来越强，要求也会越来越强烈。尤其像中国这样的发展中国家，在从计划经济体制向市场经济体制转轨的过程中，公众和政府之间的信任关系也发生了变化，即由原来的单向的、直接的心理服从到双向的、理性的市场选择，这就意味着政府要得到公众的政治认同和信任就必须实现更高的公众对民主化的要求。

## 第三章
政府公信力的变迁：从管型政府到服务型政府的演进

服务型政府通过政治民主化获取公信力是有着明确路径的，一是公众参与程度，二是利益表达和沟通。公众参与程度主要是指全体社会成员自愿地通过各种合理、合法的形式和途径，直接或间接参与国家公共事务的深度和广度。公众能否参与国家和社会事务的管理或者影响政治社会发展的公共生活，直接影响到社会成员意愿的体现程度、公共决策的民主化程度、社会监督的力度以及社会成员主体意识和政治责任感的强弱，也决定着公众对政府的认同度和信任度；社会成员向政府提出合理的公共利益需求，并要求得到满足被称为利益表达。利益表达和沟通强调的是政府代表全体社会成员共同利益的程度。社会要发展和进步，政府就必须充分体现人民群众的利益，顺应人民群众的基本愿望和要求。因此，公众利益表达程度越高，政府保障公共利益的能力越强，公众对政府的认同感也必然越高。

民主政治是建设服务型政府过程中的必然趋势，其中包含了从"为民作主"到"由民作主"的转换与升级，以此为基础获取的政府公信力才是长久和可靠的。我国政府公信力的获取，同样依靠公共参与和利益表达。具体来说，人民民主是共和国宪法所赋予人民的基本权利，特别是"民主选举、民主决策、民主管理、民主监督"的权利，界定了政府的有限性。宪法规定的这"四个民主"权利，反映了社会主义民主政治的本质，在现实的制度安排中一个都不能少。

## 二、通过行政的法制化维护公信力

政府作为一个国家的权力机关和管理机构，若要在现代社会获取公信力，必须遵从法律、法规等规范。法律是政府行为的底线，也是公众制约和规范政府行为的有效途径。公众对政府的信任，也是建立在可靠的法律制度保障之上的，政府要增强公众的信任度，在很大的程度上也取决于政府管理的法制化程度和水平。行政法制化是行政现代化最重要的标志，行政法制化主要体现在两个方面：一方面指规范政府管理行为的相关法律、法规的完备程度。政府管理行为的法制化首先要求行政机构的设置必须有法律法规予以规范，机构的性质、职权、责任以及机构的编制等都用制度的形式予以明确规定。只有法律体系完善、严格依法行政的政府，才能在公众中树立起威信和良好形象，得到公众的认同，并推动整个社会信用体系的完善与发展。另一方面指政府行政机构的运行程序和过程的法制化程度。政府行政法制化的核心就是政府行政过程中的规范程度，完善的法律如果没有有效的执行，等于形同虚设，因此，政府管理过程中的法制化是实现政府行政程序规范透明、执法过程合理合法、行政结果公平公正的重要保障。

行政法制化改革强调的是提高行政管理责任和对行政行为的监督。许多行政改革都既可看成是结构性的，又可看成是程序性的。例如，可以在组织内部减少文字工作等繁琐程序，改革行政法制化的目的之一就是废除那些繁琐拖拉和高成本代价的程序，以利于政治领导的快速决策。当然，对具有完善行政法制化制度的更重要的是如何就国家而言，建立和健全行政法制化制度及其要件，同时也要注意行政法制化的繁简适度，在公平的前提下达到效率的目的。

## 三、通过信息的公开化加强公信力

政府信息公开化是服务型政府获取公信力的最佳方式，其直接性和有效性是政府公信力其他获取途径所无法比拟的。

信任是建立在以往接触基础上的有条件的心理预期，信任某人意味着单方面的对此人了解，包括了解其动机、行为，尤其是信任造成的结果。信任某人的关键是预期某人能够与信任人的潜在利益一致或趋于一致，并且某人不会利用这种信任反过来损害信任人的利益，这是信任得以发生的基本动机。在政府公信力的层面，公众对政府的信任要复杂得多，政府要获得公众对其信任也要面临更大的困难。这是因为，首先，公众是不可能完全了解政府及其所有成员的动机及行为的，也无法对政府行为造成的后果有完整的预期，一旦政府行为后果造成了对公共利益的损害，公众更无法完全追究其责任，这也是公众与政府达成契约关系后依然无法建立信任关系的原因。然而，政府体现其公信力必然要求政府与公众达成良好的信任关系，才能完成政府公信力的成功传递。这就使政府必须努力通过信息途径使公众尽可能了解并相信政府的政策和行为是正确的和合理的，这意味着政府与公众的信息沟通程度与政府公信力之间有着密切的关系。如果公众能够通过有效的渠道了解政府的政务信息，并且获取到关系切身利益的完整信息，那么公众与政府的这种信任关系的建立是相对直观和容易的，从而形成信息对等基础上的信任关系。

随着政府自我革新和不断发展，政府必然从幼稚走向成熟，政府也会越来越注意对信息的公开程度和效果。服务型政府是以公共服务和公共产品的质量为衡量标准的，对公共信息的提供也是政府提供的公共产品的一个重要方面，因此，服务型政府目标模式下的信息公开，是政府加强与公众信任关系的本质要求和必要途径。另一方面，当代信息技术的发展使信息的制造和传递愈益快捷，人们获得信息的途径越来越多元，在此情形下，政府在很大程度上很难甚或根本无法封锁信息，提高公众对政府的信任程度，实行政务公开和网络问政，使政府信息公开化是服务型政府的必然要求和应然选择。

## 四、以公务员的廉洁度巩固公信力

廉洁高效是服务型政府的根本要求，政府的公正廉洁程度是公众评价政府公信力最直接的因素，因此通过提高公务员的廉洁度可以有力地巩固政府在公众眼中值得信任的形象。无论在何种社会，无论腐败采取何种形式，其本质都是一样的，即都是运用公共权力谋取私人利益或者集团利益，也就是"以权谋私"。政府组织及其公务人员在获得公众的信任过程中，亟待克服的就是如何在提供公共服务和进行社会管理过程中正确处理公共利益和政府自利性膨胀的问题。

服务型政府理念的提出，为政府的职能进行了明确的定位，也必然要求政府及其行政人员在提供服务过程中，时刻保持廉洁，优质、高效地为公民服务。廉政、勤政是政府维护自身良好的信用形象的基础，服务型政府的权力来源于全体公众对一部分权力的让渡，如果用公众所赋予的权力谋取私利，势必引起公众的不认同感及排斥感，从而影响政府的公信力。高效、有力是政府履行公共服务职能的基本要求，高效不仅要求政府办事效率的提高，还是对政府行政效能的整体要求，所谓行政效能是政府及其管理人员为实现其管理目标,在从事行政活动的过程中所表现出来的行政管理水平及实现公民利益的能力,是衡量国家行政机关及其公务员履行职责行为的效率和质量情况的重要指标,是国家行政机关管理活动的基本目标,行政效率、效果、效益都是行政效能在不同侧面的具体体现。建设服务型政府,需要靠政府行政人员保持长期的廉政高效,以勤政廉洁实现政府行政效能的提升。

## 五、以公众的满意度评价公信力

公众满意度是政府公信力构成因素里最直接显示政府公信力强弱的因素,也是公众衡量政府公信水平的最终标准。公众的"满意程度"是公众对政府政策、执行过程和行为结果的认同情况,关键看政府是否以公共利益最大化为追求目标,自觉高效地为公众提供公共物品和公共服务。公众满意度的衡量标准是随着不同的历史时期内政府与公众的关系和公共利益需求而不断变化的。以中国为例,建国初期,中央和各级地方政府领导人民打土豪、分田地,这与当时公众的期望恰恰是相吻合的,因此,人民完全信任政府,把一切权力交由政府,并由政府实行计划经济管制来实现公共利益。改革开放以来,随着经济体制的变革和社会结构的变迁,虽然人们的生活水平与计划经济时期相比已经有了翻天覆地的变化,但是,随着人们主体意识以及知识水平的提高,尤其是民主意识和参政能力的增强,伴随着公众参与社会治理的渠道和方式的拓宽和增加,其对政府的管理水平和能力也提出了更高的期待和要求。如果政府不能达到其所提出的新的期望,那么,公众对政府的认同度就会下降,从而使得政府公信力降低。因此,服务型政府在多大程度上满足了公众的需求,是社会公众审视政府能力与表现,乃至政府公信力的一个主要维度与标杆。这种以社会公众满意原则为结果取向的标杆理论已经逐渐占了上风,并有完全取代以传统意义上的效率至上为原则并过度注重过程取向的绩效评估理论的倾向。

总之,服务型政府具有民主、法治、透明、高效、廉洁等特点,这些特征也是具有高公信力的现代政府所应具备的。建设服务型政府可以从根本上塑造政府形象,为全方位提升政府公信力提供了政府治理新趋向。

# 第四章 现代政府公信力的提升：制度保障与伦理教化

> "一个时代所提出的问题，和任何在内容上是正当的因而也是合理的问题，有着共同的命运：主要的困难不是答案，而是问题。因此，真正的批判要分析的不是答案，而是问题。"[①]
>
> ——马克思

---

① 马克思恩格斯全集：第 40 卷 [M]. 北京：人民出版社，1982:289–290.

公信不立，患莫大焉。问题不仅是科学研究和理论创新的起点，而且是实践发展的契机。政府公信力的现实情境伴随着政府角色和模式的转变不断地变迁和演化着，政府角色和职能的转变对其公信力的影响是不言而喻的，服务型政府作为政府改革的最佳目标模式，在理论上与政府公信力的价值定位有着最强的契合关系。但是，在现实情境下，各国政府公信力的实际状况却并没有因为政府的转型而普遍得到提升。经济发展程度往往代表和体现着一个国家或区域的治理水平，但是，在现代化程度高、市场经济发达的西方国家中，政府公信力并非同经济发展水平同频共振，有时往往无力保持高位。这也证明，社会和经济发展程度与政府公信力不一定成正比例。

面对现代国家政府公信力水平良莠不齐的现实情境，近年来一个概念时常被人提起，这就是"塔西佗陷阱"。这个词来源于古罗马执政官塔西佗所著历史书中的一段表述："一旦皇帝成了人们憎恨的对象，他做的好事和坏事就同样会引起人们对他的厌恶。"按照现行理解，所谓"塔西佗陷阱"，是指当政府在掌握公权力却又失去公信力时，无论发表什么言论、无论做什么事，社会都会给予负面评价。当然，要求政府改进治理方式是正常的，但是任何矛盾都不可能只有一个方面。政府公信力问题也存在多种复杂因素，很多时候并不是政府尽力做好了，群众就一定会认同，这也与社会观念、大众共识、媒体引导有很大关系。政府公信力缺失问题在世界各国广泛存在，在发达国家和发展中国家的表现也有所不同，各国国情的差异使得政府公信力缺失的表现及原因等差异纷呈，但是政府公信力弱化的现实危害是有共性可循的，主要体现为公共权力合法性受到质疑、政府提供的公共产品相对减少、政府决策的执行难度增加和社会公众的满意程度下降等等。当前，我们亟须正视"塔西佗陷阱"现象给全球各国政府治理带来的冲击和挑战，以问题意识在时代变革和社会文明发展进程中去寻找和解决政府公信力的提升之道。

第四章
现代政府公信力的提升：制度保障与伦理教化

# ■第一节 政府与公众——政府公信力的两端

提升政府公信力，还是要从政府公信力的结构性要素出发，尤其是从政府公信力的主客体出发，因为输出和反馈往往是很难控制的，但是通过对政府公信力主体和客体的改变却可以作用于输出和反馈的动态过程。所以，对于现代政府公信力的提升，还是要回到对政府公信力的两端，即政府与公众本身的分析上。

## 一、组织性的政府

首先，政府作为组织具有管理权威。政府作为组织是公众对其自身权利的部分让渡与再度整合的载体。政府权威的内涵可以从两个角度来理解：从政府统治和管理的主体一方来说，政府权威意味着一种有效的政府管理是其必须具有的属性和功能，即政府必须有能力和权利使被统治者和管理者认为这种统治和管理是"应当服从的"，从而获得被统治者和管理者哪怕是最低限度的认可和自愿服从；从统治和管理的客体一方来说，政府权威意味着被统治者和管理者基于某种价值、信念而认可、主动支持某种政府的管理，并将其视为"正当"或"应当"的。

自政府产生之日起，人们就对政府作为组织的公共性开始了探讨和研究，公共性是政府的第一属性毋庸置疑。然而，政府作为一种特殊的社会组织，虽然其始终居于社会的支配地位，享有各个方面的优先权，包括政治、经济、文化、信息等方面，也享有国家法律和公共政策的制定与执行的指导权，但为了实现其个人及组织的发展和利益，公共性不可能成为其唯一的属性，政府不可避免地具有了自利性的属性，盲目地夸大政府组织的公共性属性，忽略政府的自利性，将不利于服务型政府的信用建设。政府的自利性主要指政府在政策制定时以组织自身利益为考量，而非整个社会的整体利益。这与公众期望是有差距的，在广大公众心目中，政府应当代表全民的利益，它的政策取向应当是基于全社会和整个国家的利益考虑。

但在现实中，由于政府自身利益的存在，政府作为公共利益的代表者、利益冲突的调节者、社会秩序供给者和维护者的地位和作用往往因为与政府自利性间的现实矛盾性而无法完全履行和实现。另外，从组织社会学视角而言，政府组成系统始终是一个严密且复杂的科层制组织：通过层级化把整个行政区域切成了块块，又通过各层级对应的部门化把块块切成了条条，从而形成了"条""块"结合的体系。从横向上看，中国政府科层则由一个个系统、区域或部门构成。从纵向上看，它是由一个权力等级的金字塔构成，每一级政府都有几套班子，形成一个纵横交错的科层网络。由于政府的这种"条""块"的组织设置，地方政府往往处在"压力型体制"下，影响政府在本地治理和基层发展过程的质量和效能，从而影响了地方政府的公信力水平。

其次，政府作为组织需要制度安排。政府作为一种特殊的社会组织，制度安排对其公信力的发挥有极为重要的作用，制度本身的合法性、合理性，包括制度的整体性，都会对政府活动产生深远的影响。制度即规程，是指在一个社会组织或团体中要求其成员共同遵守并按一定程序办事的规程。一个组织或团体推行一种规章制度是期望获得最大的潜在效益，而最直接的原因则在于提高组织的协调性和管理的有效性，即协调组织内各部门之间协作效果、组织与外部环境的有效衔接。制度对于组织的重要作用体现在其功能上，即规范和约束成员行为。由于组织中的个人存在人性弱点、行为能力差异以及行为环境的不断变化，制度规范和约束的功能指向往往侧重于消解人性弱点、增强行为能力和克服客观环境不利因素。制度经济学中常常引用"分粥"的案例来说明制度这种"规范和约束"的机理：在一个僧多粥少的庙里，人们发现掌勺和尚分粥有多有少，因人而异，很不公平，于是掌勺和尚改由大家推选。但一段时间后，发现这种方法也行不通，因为谁都有私心，大家推选的掌勺和尚其实也亲疏有别，难以公平。经商量，决定轮流掌勺，一人分一顿，情况虽一时有所好转，但时间一长，发现问题更多，因为个别和尚不仅分亲疏贵贱，轮到自己时还又吃又藏。经过反复讨论，大家决定在轮流掌勺的基础上再加上一条规矩，即分粥者必须最后拿剩下的那一份，这样问题最终得到了很好的解决。由此可见，

# 第四章
现代政府公信力的提升：制度保障与伦理教化

制度的重要性主要体现在用集体行动控制个体行动，以制度安排约束个人利益。在现代社会，利益格局更趋多元，思想观念深刻变化，公众维护自身权益的意识和诉求更加强烈，政府面临的公共问题日益繁杂，政府作为特殊的社会性组织，在维护和提升政府公信力的过程中，更加需要重视对组织中制度及制度功能的深层次把握和运用。值得强调的是，政府讲不讲诚信，有没有公信力，一条重要标准就是看政府能不能严格执法，依法办事，能不能始终按照宪法和法律法规规定的权限和程序使用权力。从现实情况看，制度的完善固然重要，但制度的执行更为紧迫。制度健全并得到严格执行，才能有效规范政府和社会成员的行为，增强人们相互交往与合作的信任度，保障社会公平正义和安定有序。

最后，政府作为组织存在多价值冲突。根据组织行为学的理论，任何组织都存在冲突，没有冲突的组织是不正常的，也是不存在的。一方面，政府作为特殊的社会组织，其掌握的权力是公共权力，公共权力除了有政治统治职能外，还具有公共事务管理职能，因此政府依靠严密的组织和制度，建立起高度集中的管理体制，以行政组织内部的垂直控制上下级间的单向性权利与义务关系为主要特征，对社会进行必要的管制，公众长期被视为行政管理的被动承受者和行政成果的被动消费者。随着市场经济的发展以及人类对于公共权力认识的不断深化，政府对社会的管制职能逐渐被弱化，政府被更多地期望以服务者的角色而存在，由此便产生了政府组织在管制理念与服务理念上的价值冲突和矛盾。另一方面，公共行政人员在处理公共事务过程中，也存在多价值冲突现象，导致了行政责任的不明确性和行政活动的不道德性。公共行政人员存在多价值冲突，是由于其自身的多责任冲突造成的。美国行政学家库珀在其《行政伦理学——实现行政责任的途径》一书中提到，行政人员存在着主客观的责任冲突，主要表现为权力冲突、角色冲突和利益冲突。这种责任冲突会带来行政人员取向的模糊性，从而造成行政人员作出决定和判断的潜意识障碍。不可否认，公共行政人员由于种种原因存在着多价值选择冲突，其人性中也存在着私利的欲望，作为特殊领域中的特殊身份人，如果过分强调人的"经济人"特性，忽视甚至侵害公共性的基本价值，逃避维护公共利益的主体责任，削弱公共利益的实现程度,必将导致更多的腐败滋生,从而降低和削弱了政府公信力。

## 二、人格化的公众

我们同样有必要聚焦政府公信力的另一端即作为政府公信力的评判主体的公众。公众显然不是一个组织,而是一种非特定的群体,在给予政府信任的过程中,往往会表现出一定的人格化特征,主要表现为:

首先,公众人格的共同点是理解公众共同行为的主要前提。公众面临由组织行为引发的共同问题时,不是一盘散沙,而是具有某种内在共同性的群体,如共同的利益、倾向、需求等,这就使得一群人或一些团体和组织具有相同或类似的态度,其行为往往具有比较一致的趋向,究其原因都是基于公众在对待某一问题时有着人格的共同点。公众人格的共同点,一方面能够让公众在对待政府绩效时体现趋近的价值标准,另一方面也能够在公众整体中区分出不同的对象来。在政府公信力的问题上,一些公众对政府的质疑和要求,会很容易地影响另一些公众的态度,从而提高了公众对政府信任的平均值,而公众对政府期望过高或对绩效认识的不准确往往是政府公信力弱化的一个重要原因。

其次,公众需求的多样性是公众评价标准的现实差异。政府是不具有多样性的,但政府在不同的事件中可能面对的公众诉求却不尽相同。公众需求不是群体的无理性需求,而是公民群体有序地表达对参与政治生活的一种合理需要和诉求,而公众参与则是表达公众需求的一种极其重要的方式。由于公众所代表的利益关系不同而分成不同类型的特定公众,使公众需求具有多样性,政府则作为为公众提供公共服务的供给方,首先要了解公众的多样需求,满足公众的合理需求,是政府维护高公信力的重要依据。明白了这一特点,就能解释为什么不同类型的公众对政府公信力的要求也不尽相同,在特定环境和具体事件中,由于公众的素质参差不齐,公众对政府所采取的措施的理解和配合程度也不同,从而影响了公众对政府公信力的评价标准。随着生活水平的不断提高,公众的需求层次尤其对社会公正的需求也在不断变化和提高,人人都希望政府是一个具有良好风气、公

正且清廉的政府，都希望政府官员能够廉洁奉公，公正公平地办事和执法，这给政府公信力的维护和提升提出了更高层次的要求。

最后，公众期望的动态性是政府公信力适应变迁的根本原因。公众是由人组成的，而人是可变的，这使公众群体总是处于发展变化之中，可能因面临的共同问题的变化而变化，也可能因需要、情绪、态度的变化而变化。我们探讨政府公信力，必须明白公众的这一特点，然后用动态的、发展的眼光来认识和把握公众，使组织与公众的关系不断得到改善和加强。在网络技术飞速发展和普及的今天，信息传播的速度和范围扩展异常迅捷，各类涉及社会公共安全和利益的社会问题和突发事件，往往在第一时间就会引起公众的关注和反应。如果政府相关职能部门不能迅速地对问题和事件作出明确的反应、解释和处理，公众对政府的信任瞬间就会演变为对政府的失望情绪，从而影响社会心态和公共秩序的稳定，因此，政府必须适应性地调整自身的行为，以求持续获得公民的信任。

## ■第二节　政府公信力提升的根本途径：制度约束与有效监督

政府的组织属性和公众的人格特征，充分说明制度的完备与有效监督是从政府角度提升政府公信力的根本途径。通过制度完备和有效监督来提升政府公信力，不仅符合政府作为社会组织所体现的固有规律，而且可以有效控制政府的自利性和弥补其先天理念的不足。

### 一、体制改革及制度的完备

在影响政府公信力的诸多因素中，行政体制是影响政府公信力的重要因素。行政体制的优劣，或者说政府权力运作程序的制度性规范决定了政府公信力能否保持一种较高水平。因此，政府管理体制是政府公信力的核心层面，行政体制越规范和健全，对政府行为取得民众的信任就越是有利。制度和体制对政府公信力之所以重要，在于其能够规范政府成员的行为，使之能够与组织的目标保持一致,增强政府组织的凝聚力,防止相互之间的摩擦和不协调而损害政府整体的威信。如果一个国家的政治体系结构和制度安排不合理,它的功能发挥就会处处碰壁,政府公信力也就无从谈起。

政府能否建立健全决策、执行、监督相结合的运行机制,不仅反映政府的决策能力和水平,也从根本上影响着政府公信力的高低。因此,提高政府公信力,首先要从体制入手,加大体制创新的力度,全面推行体制改革,而制度是体制的具体表达,只有设定每一个人都要遵守的办事规程或行动准则,才能更好地要求行为者严格履行。公共事务的管理也不例外,只有不断地完善制度建设,才能使公共事务的管理及行政行为以合理、合法的形式理性地实施,政府才能获取公众的信任,政府公信力才能不断地提高。一个国家的行政制度作为政治制度的重要组成部分,是一定社会环境的产物。然而,完美的政治或经济体制并不存在,没有绝对的好政府,只有比较好的政府,美国公共管理学家 B.盖伊·彼得斯说:"政府改革是一个持续不断的过程,几乎可以肯定的是,只要有政府存在,这一过程就永远不会停止。"[1]政治或经济的缺陷在很大程度上主要是官僚体制的缺陷,在各国的政府改革中,官僚制度改革是一个最主要的改革点。"组织理论之父"——马克斯·韦伯提出构建理性的官僚制度,首先强调的就是科层制,即在官僚制结构体系中,要按照职务等级或权力大小将事务性工作结构成一个个工作单元,各层级人员或部门各司其职,专精于自身职能范围内事务,且受上级部门领导和监督,不得随意越位或未经许可而越权处理事务。其次注重的就是规范化,即官僚制组织的运行及成员工作都要依规进行,组织机构在成立之初,就开始制定相应的一套规章流程,这些制度一旦确立,成员就必须在其规定的范围内工作,不是带着个人情感好恶去工作,而是按规办事,责权明晰,程序法定,受规章制度限制。

政府公信力本身需要体制的完备和制度的完善,同时也凸显了制度公信力建设的重要性。地方政府可能任期届满,职能部门的领导和公职人员可能退休调任,不变的只有政府组织和各职能部门的基本制度。政府应对公众的质疑,首先要"以提高制度执行力为抓手",制度的执行力越强,

---

[1] 〔美〕B.盖伊·彼得斯.政府未来的治理模式[M].北京:中国人民大学出版社,2001/2002:3.

制度的公信力也就越提升。民众便会信赖现行的制度，愿意在制度框架下解决矛盾，如此，整个社会的基本面就能保持和谐稳定。制度稳定了，政府的公信力才会提高。让老百姓信任我们的基本制度，才是关键。因此，政府真正能够有效化解公众质疑的根本所在，还是制度创新和有效的制度安排。尤其对尚处于社会转型发展过程中矛盾凸显期的发展中国家，社会不安定因素开始增多，只有加强制度执行力，才能保证社会的长治久安。

## 二、公众舆论与非政府组织的有效监督

公众舆论和非政府组织的监督属于政府公信力结构性要素中的输出与反馈系统所要探讨的内容。从政府的角度出发，光靠自身解决公信力问题是远远不够的。非政府组织作为公民参与政治的重要形式之一，一般是指非政府的、非营利的、自主管理的、非党派性质的，并且具有一定志愿性质、致力于解决各种社会问题的社会组织。非政府组织在理论界被称为政府与企业之外的第三部门，它介于政府与企业两者之间，在经济活动与社会管理中发挥着日益突出的重要作用。现实中，非政府组织常常充当民众与政府之间的传话筒，有利于避免民众与政府的冲突，培育民众之间、民众与政府之间互信的因素和氛围，对构筑政府公信力起到了重要作用。目前我国非政府组织仍处于形成过程之中，具有过渡性、依附性和不规范性的特征，是导致我国政府公信力得不到加强的一个重要原因，所以，必须大力培育非政府组织的发展。

从政府的角度推动舆论监督和非政府组织的监督也包含着政府组织的自身诉求和现实需要。政府公信力归根到底要以公众信任来获取组织运用和行使公共权力的正当性和合法性，以外部监督让公众检验廉洁程度和治理效能，因此政府本身需要通过将自身置于监督体制中向公众寻求对自身的信任。但是，在现实生活中舆论和监督往往要靠政府的推动才能顺利进行。在现代社会治理结构中，政府和公众在掌握社会公共权力和信息资源的程度和广度上，存在着严重的不对称现象。社会公众相比于政府在获取的信息方面往往是滞后、片面和间接的，这种情况广泛地存在于各国政府管理活动中。在政府组织内部，也同样存在着这样的问题：一方面，行政

管理层越高，信息资源越丰富和全面，它所发布的信息的权威性也越高；另一方面，一定程度的信息垄断，容易造成政府掌管信息的透明度越低，也就容易导致社会公众的怀疑度越高。因此，社会公众对信息的获取和探究有更高的积极性、极大的兴趣，但公众对信息尤其是公共信息的鉴别能力和手段相对有限，这是造成各种失真甚至是错误的消息广为传播，以及社会公众因政府信息垄断而对官方信息接受具有逆反心理的社会心理基础。

随着经济、社会的发展以及现代传播手段的普及化，政府的行政管理成本和行政权力的廉洁问题、社会的公共产品和公共服务的质量和公平问题、社会的公共安全问题，诸如环境污染、社会治安、食品药品质量安全、重大灾情等与自身生存、发展切身利益密切相关的社会公平和社会健康运行的状况问题都成为公众密切关注的问题，公众获取这些信息的能力和渠道也在不断提高和扩大。因此，尽可能缩小政府各级机构和社会公众在信息量、信息面之间的不对称，努力把信息公开发布用法律的形式强制规定下来，政务信息的公开化、社会信息资源的共享日益成为政府提升自身公信力的必然要求和有效方法，既是现代世界发展潮流的基本特征之一，也是政府管理水平现代化和人本化的具体体现。

## ■第三节 政府公信力提升的社会环境：人与人之间的信任关系

政府公信力的提高，就是要求政府组织中的领导及其公务人员诚信水平和能力的提高。政府公信力的提升，严重依赖社会信任关系的健康发展。从根本上讲，个人诚信的培育起始于家庭，形成于社会关系之中，政府诚信同样需要人与人之间充满信任的社会环境。社会是由人组成的，而每个人的诚信状况是建设诚信社会的主体基础，因为企业和中介组织以及政府的诚信都是需要具体的人来实现的。同时，诚信既是一种高尚的人格力量，又是中华民族的美德和优良传统。因此，加强个人诚信教育，特别是在继承传统的基础上吸取发达国家诚信社会建设的经验教训,就成为社会主义和谐社会建设的一个前提性工作。当然,说个人诚信是前提,并不意味着对每个人的诚信教育都同等对待。恰恰相反,我们应该区分层次和不同的群体,划阶段、分步骤、有针对性地进行诚信教育。

## 一、培养社会公众的信用道德

信用从本质上来说,是属于道德的范畴之内的。在市场经济条件下,市场主体的信用程度,很大程度上还是依靠市场经济中的基本道德规范来维系的。讲信用应当成为经济生活中的一个基本公德。市场经济实质上是道德经济和信用经济,各种复杂的经济活动,都是在相互信赖的基础上进行的,以诚信为核心的市场道德在其中发挥了无法抹杀且不可替代的重要作用。因此,要整顿和规范社会信用秩序,防范市场经济下的信用失范,德治是不可缺少的。

媒体本身对社会有重大影响,引导舆论是媒体的客观作用之一。为此,需要加强道德宣传尤其是信用宣传,强化对公众的基本道德建设,以媒体公信力助推社会信用体系的巩固和完善。媒体要有自身的信念,坚持客观理性地看待和分析新闻事实,不应该受主观愿望支配而漠视、回避甚至扭曲事实。各类媒体应多报道并表扬那些重约守信的先进事迹、批驳那些求取逐利、有约不守的反经济信用行为,在全社会形成"诚信立世,信用为本"的信用道德意识,以提高人们的道德觉悟,激励人们的道德情感,强化人们的道德意志,在人们内心形成信用道德的强大内在动力,消除信用失范的道德根源。

一个社会的道德水平在很大程度上受到社会信任程度的影响和制约,道德高尚的社会必然是信任度高的社会。需要强调的是,西方国家的法制传统中也强调社会道德的意义,中国的德治传统也靠法制来维持秩序,只是儒家认为依靠道德来治理天下更具有治本意义,认为依靠刑罚治理国家并非良策,只能导致人民没有道德心和羞耻心;只有依靠道德教化,才是上上之策,所以儒家一贯强调仁政。在当今社会,诚信的意义已不仅仅是社会公共关系的道德规约,还是社会良性运转的内在需要。市场经济体制为世界经济带来繁荣的同时,社会也在不断地经受着诚信考验,体制完善和制度建设虽然一定程度上能够制约政府组织的违规做法,减少公职人员的腐败行为,但法制和制度无论怎样加强和完善,总不会尽善尽美、天衣无缝,往往有一定的滞后性和空隙,在现实社会中,一些人虽然在法律的威慑下不敢犯罪,但由于没有羞耻之心和缺乏廉洁之德,为了个人私利或集团利益,钻法律空子或打法律擦边球的现象时有发生,这正是法制有限性的表现。

在高信任度社会,人与人之间的关系和谐、相互信任,彼此之间有着强烈的合作意识和公益精神,社会道德水平较高,社会风气纯净。而在低信任度的社会,社会信任的缺失将直接加剧社会道德风险,引起道德规范失控,带来人与人之间尔虞我诈、互不信任的恶性循环,相互间在培养信任关系方面有较大的难度和风险,最终污染社会空气,对社会道德体系形成强大冲击。更为严重的后果是,摧毁人的精神支柱,导致信任危机。因此,开展诚信教育已是刻不容缓的事情。培养社会公众信用道德的最终落脚点应该是信仰。所谓信仰就是人们对某种主张、主义的极度相信和尊敬并将之作为自己的行动指南。信仰对于一个人的生命来说如此重要,以至于我们可以说信仰就是生命本身,它既是人的生命存在的终极依据,又是人的价值层次的评价标准。从人的生命存在来说,有信仰比没有信仰更能显现生命的意义。但是,确立什么样的信仰体现的则是生命的不同价值。外在行为准则与内在道德律令的关系问题,对内在道德律令的践履,全赖于有对内在道德律令的信仰作支持。有了这种信仰,才会有对内在道德律令的敬畏感,也才会有对内在道德律令践履的崇高感并从中实现人的价值,而诚信是做人的基本道德规范,因此也就成为人的信仰的基础。

## 二、激励对社会有益的信任关系

激励机制是发挥社会公众信用道德的积极促进和正向引导作用。信任具有激励作用,监督具有防错纠错作用,两者是相互联系、相辅相成的。加强监督可以防止错误、纠正错误,激励信任更可以调动个人积极性,是激发社会创造性的根本。信任是以人性向善为前提的,是建立在对人的思

## 第四章 现代政府公信力的提升：制度保障与伦理教化

想品德和能力素质肯定评价基础上的。良好和健康的信任关系是社会个体间信任程度的集合，如果人们之间没有一定信任关系，社会活动是难以有效进行的。通常来讲，个体间的信任包含品德信任和能力信任两个方面。从思想品德方面看，就是认为个人具有良好的思想品德和较高的能力素质，相信其能够自觉约束自己的行为，不会做消极的、有害的事情；从能力素质方面看，就是认为个人具有较高的能力素质，能够有效解决问题和困难。一般来说，每个人都有一定的优点，都具备一定的思想品德和能力素质基础，人们之间应有一定的相互信任，所以在现实生活中，信任会对人的行为产生激励作用，我们信任一个人，实际上就是承认他具有良好的思想品德和较高的能力素质，这可以极大地调动他的主动性、积极性，充分激发他的创造性，努力把工作做好，取得较好的成绩。在政府组织内部，对大多数领导干部和公职人员要充分信任，这样才能有效调动公职人员的主动性、积极性、创造性，努力勤奋工作，切实履行工作职责，创造优异的工作业绩以赢得更高的工作满意度和信任度。

激励对社会有益的信任关系，还体现在创新个人信用机制，注重培育诚信个人上。社会是由个人组建的，人是社会的最基本单位，个人诚信是诚信社会的基础，打造诚信社会，离不开个人诚信的建设。创新个人信用机制，培育诚信个人，必须建立完善的个人信用档案登记机制，规范的个人信用评估机制，严密而灵敏的个人信用风险预警、管理及转嫁机制等。建立在个人信用卡上的个人资信信息体系，由专门的机构进行记录和管理，并可以在互联网上即时查询。在社会对于诚信的监控中，奖惩是同样重要的。应该建立严格的奖励与惩罚的个人征信制度，通过检查监督，在法律法规和制度上确保对诚信者给予精神和物质奖励的同时，使其得到诸如更高信用额度、更多机会等；对失信者除了将其失信行为记录在案，还要给予严厉的惩处，使其为失信行为付出应有代价，从而加强个人诚信体系建设。同时，充分发挥政府在个人诚信体系建设中的组织、引导、推动和示范作用。规范发展诚信市场，鼓励调动社会力量广泛参与，共同推进，形成个人诚信体系建设合力。

# ■第四节　政府公信力提升的基本策略：政治沟通与公民参与

政府公信力的提升仅从对政府和公众的静态分析得出结论显然是不全面的。事实上，政府公信力提升最有效的手段是活跃政府与公众的输出与反馈过程。政治沟通和公民参与就是政府公信力结构三要素中输出与反馈的具体体现。政府公信力的提高是政治沟通和公民参与的重要结果，应该看到，政治沟通和公民参与是社会必然的发展趋势。公信力高、执行力强、影响力大的政府是政府建设的重要目标。理论研究证明，公民参与公共治理对于政府公信力的建立有着不可忽视的作用：第一，如果大量的公民参与到社会治理中来，社团成员间就会有持续性的交往，容易形成"重复博弈"的情形，社团成员便更倾向于考虑长远利益而不是短时的好处；第二，政府能够给互利规范的公民参与提供稳定而重复不断的交往环境，有利于政府公信力的产生；第三，在公众参与社会公共治理的过程中，政府诚信表现的信息会广泛传播，将有助于公众与政府的合作，促进很多的公众参与进来；第四，政府可以将原来一些缔造公共物品的成功经验累积并传递下来，依托强大的影响力和执行力，有效推进集体行动。

## 一、加强政治沟通，促进政府公信力的成功传递

亚里士多德曾说，人是政治的动物，足见政治在人们生活中的重要性。政治生活无处不在，但作为普通大众而言，政治相比于社会经济生活等方面是很少被公众体察并直接了解和参与的。所以就需要政府主动利用政治权威来影响和促进公众了解和参与政治运行，以最大限度地还原公共意志，保证公共利益，实现政治互信，这既是公众的政治权利，也是政府获得公众信任保证政府权威的必要途径。"政治是传播的主神经，传播是政治的

## 第四章 现代政府公信力的提升：制度保障与伦理教化

控制器。"在政治沟通中，政府部门如何制定和执行公共政策，如何预算和实行公共财政，如何处理社会公共事务，都需要公众的了解和参与。所以，在政府与公众建立信任关系的过程中，政务的公开和通达显得尤其重要，这是政府获得公信力的必要前提。美国政治传播学者宁谋曾言，"政治就是谈话，而这样的谈话也有着不同的模式。有的惯用权力谈话，这是使用威胁或承允支配他人的行为。有人惯用影响谈话，这是以命令的语言支配他人的行为。"诚然，这些模式是最有效、最直接的政治传播方式，但往往都是依靠政府部门掌握了绝对的政治资源的组织，并拥有相对权威的话语权所进行的单向政治传播，容易导致不对等交流和多重传播的误解，远达不到双向政治沟通的主旨和目的。政治沟通是指政府与公众作为沟通的两方主体，以实现政治互信为目的，以平等互信为基础，以交互信息和诉求为途径，以实现政府理想政治生态的互动方式。具体而言，政府与公众之间的政治沟通可以通过以下几个维度来实现政府公信力的成功传递。

（一）以透明行政作为政府与公众互动的符号象征

在人们进行沟通与交流的过程中，符号作为人际关系交往的基本标志，构筑起了物质与意识之间并带有一定意义的最为基础的表现方式。政府与公众之间的政治沟通，也需要代表沟通双方交互信息最为恰当和有价值的符号来予以表达和实现。选择正确而适合的政治符号，可以满足公众从诉求到认同等方面的心理需求，从而激发公众对当前政府形象和当前形势政策的合理想象和价值趋同。因此，政治符号的选择和使用，往往被政治家和行动家们视为最重要的沟通手段和战略选择。以政府获得更高的公信水平为价值指向，透明型政府理应是政府与公众进行政治沟通的重要符号象征。透明型政府作为打造政府信用形象的重要指向，不仅塑造了政府规范服务、阳光管理的行政外观，也充分表达了政令公开的政治策略和政治态度，使得政治成为更富有吸引力和影响力的互动过程，也将政府与公众更加积极和直接地联系在一起，避免信息失真和阻滞，从而实现政治沟通和政治互信。

透明型政府是政府与公众政治沟通的必要符号，同时也是推进和实现政治民主化的崭新管理模式。这与传统的政治输出方式有着本质的差别，在传统的政治文化中,权力配置是政治输出的核心议题。人们在理解和接受政治议题时往往以组织权威来权衡接受与否,但在实际的行政管理运行中,这种以权力配置为主的政治传递,往往不能很好地实现政治沟通,甚至还会带来对权力的质疑甚至是削弱。所以,通常情况下,在传统的政治输出过程中,政府可以依靠组织权威进行行政管理活动,但往往由于公众无法完全理解和接受政府的政策指向和制度安排,产生消极情绪和不参与、不配合的公众行为。相比以权力为基本符号的政治输出,透明型行政是政府寻求与公众进行平等和双向互动的积极行为。政府这种主动的态度和行为可以最大限度地弥合和消解公众对于政府和政治的距离感和冲突态势,进而转变为积极、理性的期待和参与,在政府与公众的和谐互动中,最终实现政府公信力的自然提升。

(二)以大众传媒作为政治沟通的主要通道

政治沟通,除了传播双向主体的存在和传播符号的选择,同样需要传播途径和传播技巧的运用,因此,大众传媒的作用发挥不容忽视也不可或缺。政府对相关政治议题和公共事务的传递与沟通,社会公众对政府的政治系统及具体运作的了解和认知均需要借助大众传媒作为介质得以实现。正如李普塞特所言:"社会经济发展普遍提升人民的经济生活水准,教育程度与大众传播媒介接触机会,无形中扩展了一般民众的政治视野,缩短了社会阶层间的不平等,并疏解中下层民众的相对剥夺感,民主政治的长期稳定与和平发展才有可能实现。"在现代的政治生活中,政府与公众的政治沟通多以传统媒介为主,公众可以通过各种媒介增进对公共事务的了解,而随着信息技术的发展和运用,如电视、广播和报刊等传统的传媒渠道渐渐受到网络和移动通信等新型互动媒介的冲击,使政府和公众的政治沟通更为直接和迅速。因此,现代政府公信力的巩固与提升,必须充分认识并掌握新型的传媒手段来推行政务公开,将日常公共事务和公共危机事件的信息予以及时有效地公布,并积极拓宽和创新公众建议参政议政的渠道和方式,并充分汲取和接受社会公众的反馈和监督,以保障新时期政府的公信力水平。

## 二、扩大公民参与，实现政府公信力的有效反馈

政府既是公信力的提供主体，也是公信力的需求主体，这意味着政府必须依靠自身作为，通过信用能力的输出获取和提升公信力。作为政府公信力的提供主体，政府需要靠自身信用能力的输出获取公信力，与此同时，公众作为政府公信力的接受主体，也是政府公信力的评价主体，其满意度是衡量政府公信水平的唯一标尺，这意味着在政府输出和获取公信力的过程中，必须有效提供并充分保证公民给予评价的途径和权利，而有效的公民参与恰好是反馈公众对政府满意度的最佳桥梁。作为政府公信力的评价主体，公众的满意度是衡量政府公信力的最终标准，而有效的公民参与恰好是反馈公众对政府满意度的最佳途径，也是使政府与公众实现和增进信用关系的重要桥梁。"政府与市场的角色需要被在投票箱以外的公民参与所补充。"[1]当政府善于并乐于倾听公民意见、需求时，会按一定的民主程序，在决策缓解即政策的输入端就已经充分吸取公民意见和建议，并在执行缓解即政策输出端得以反映和实现；当公民通过参与公共事务而逐渐意识到参与是值得的、必要时，公民的这种理性认识便会转化为外在的实际参与行为，进而更主动地、积极地参与行动。那么借助政府与公民的行为互动，通过公民参与程度和范围的不断扩大，政府公信力便能够实现更加有效的良性循环。

公民参与政府社会公共事务管理对于政府公信力的巩固和提升的价值和作用主要体现在：首先，政府能够通过公民参与，最大限度地参照和获取公众的价值诉求，使政府决策层面更多地关注和兼济公共利益，并最大限度地减少政策执行过程中的阻力和摩擦，以实现政府公信力的良性积累和正向循环；其次，公众能够通过公民参与，及时表达和保障群体或个人的利益的法定权利，使公众参政议政落实到实际的政府行政管理过程中，以实现政府公信力的及时评价和有效反馈；最后，以公众参与政府公共事务为基点，社团成员间也会有持续性交往的动力，使社团成员更倾向于考虑长远利益而不是短时的好处，有效推进集体行动。

---

[1] Docherty I., Goodlad R., Paddison R. Civic Culture. Community and Citizen Participation in Contrasting Neighbourhoods, Urban Studies, 2001(38):2225-2250.

## （一）以社会动员作为对公众主体身份的积极肯定

"政府主动进行社会动员是现代化过程的一个重要取向，对于人们的政治态度与行为具有明显的影响力"①。政府主动使公众参与社会治理，在给予公众社会归属感的同时，也体现了政府对公众社会主体身份的承认与肯定。在传统的政治生活中，公众社会主体身份的确定主要是依赖法律赋予的政治权力以实现政府与公众的政治沟通，政府公信力水平往往被政府权威所掩盖。在以往的公共生活中，公众通常被视为被动的接受者或者"搭便车者"，在了解和接受政府的政令过程中，无法直接和及时地表达和维护自身的意愿和权利，政府的信用和权威往往通过自上而下的内部考核得以体现。而政府通过如选举、听证、民调以及转型期多发的公共危机事件和网络舆情应对等主动的社会动员行为，扩充政府与公众交流的领域，使公众在现代的民主政治活动中，享有更多的话语权，也增加了公众对政治参与的期望，从而积极帮助公众认定自身的社会主体身份，保证公共利益的还原和实现。同时，公众的意见能够被作为政府部门处理政务的依据，政府也因此获得了公信力的提升。

## （二）以选举作为公民政治参与的途径

政治学家英格哈特指出，"不同文化作用下的政治主张也不同。物质主义的文化反映在政治上，便是主张维持国家秩序，控制物价上扬，维持快速的经济成长，维持强大的国防，打击罪犯。而当社会经济取得了稳定发展，就应当给人们更多的参与和决定的权力，保护言论自由，让人民对社区及工作场所有更多的参与，推向更有友善、不以个人为中心、重视思想胜过金钱的社会。"②这说明，特定的政治文化不仅仅显现在政治立场的表达上，还应通过有效和具体的政治沟通落实到政治行为当中。

政治参与是现代民主政治的必要环节，必然需要民主选举作为实现公民参与政治行为的最主要途径。选举作为现代民主政治的一种重要表达，为人民选择民意代表与政府官员提供了机会和途径，因此被很多国家普遍接受并认定为公众参与政治生活的中心。但是必须澄清的是，单纯地建立和实施选举制度，并不能完全涵盖民主政治的全部精神和要求，而必须将

---

① 黄德福.现代化、选举竞争与地方派系（第一卷）.台北：政治大学选举研究中心,1994(1):75—91.
② 傅恒德.政治文化与投票行为（第一卷）.台北：政治大学选举研究中心,1994(2):27—51.

保障和实现公民公平参与政治和社会事务的权利作为选举的基本初衷和最终指向。现代的民主选举,也不是机械地规定时间和情境以固定的选举形式为保证,而是需要针对不同地域、不同群体和不同层级的选举议题,因地制宜地为公众创造选举环境,并通过国家法定的选举制度以保障公民的选举行为和民主权利,这要求政府必须制定并主动示范和遵守选举的公认规则和程序形式,在维护和营造民主选举的良好氛围的同时,实现公民参与政治生活。

政治沟通和公民参与就是政府公信力结构三要素中输出与反馈系统的基本构成和具体体现,政治沟通和公民参与的程度和效果如何将直接影响政府公信力的水平与结果。同时应该看到,政治沟通和公民参与作为社会发展和进步的重要标志,不仅是政府公信力提升的主要途径,也是消解社会矛盾、促进社会和谐的时代诉求和有效手段。

# 第五章　新时代中国政府公信力建设之路：机遇与选择

> "只有首先考虑到各个时代的不同的基本特征，我们才能够正确地制定自己的策略；只有了解了某一时代的基本特征，才能在这一基础上去考虑这个国家或那个国家的更具体的特点。"[①]
>
> ——列宁

---

① 列宁全集：第26卷[M].北京：人民出版社，1990:43.

# 第五章
## 新时代中国政府公信力建设之路：机遇与选择

加强政府公信力建设既是当代中国特色社会主义事业迈入历史新阶段的时代机遇，也是中国政府治理变革新进程的本质诉求。改革开放以来，在复杂多变的国内外环境下，我国解决了许多长期想解决而没有解决的难题，办成了许多过去想办而没有办成的大事。民之所望亦是改革所向，随着中国特色社会主义发展到历史新阶段，人民群众在新时代对美好生活的向往，不仅仅是对物质文化生活提出了更高的要求，对民主法治、公平正义、安全环境等方面的要求也在与日俱增，这就要求政府必须加快职能转变，以便为人民群众提供更高质量的公共服务。习近平同志在党的十九大报告中指出，要坚持以人民为中心，践行全心全意为人民服务的根本宗旨；转变政府职能，深化简政放权，创新监管方式，增强政府公信力和执行力，建设人民满意的服务型政府。我国经济和社会环境的巨大变化成为影响政府公信力的重要因素，新时代中国政府公信力建设面临着崭新的时代机遇，也迎来了前所未有的现实挑战。

## ■第一节 新时代中国政府公信力建设面临的现实机遇

### 一、全球治理格局深刻变革彰显中国担当

#### （一）全球化浪潮引发国家行政生态变迁

经济全球化反映了社会生产力不断发展的内在要求，是当代国际经济发展不可逆转的潮流。随着经济全球化进程的不断推进，生产和科技的迅猛发展以及市场经济的普遍建立，极大地加强了世界的联系和交往，特别是20世纪90年代以来，以信息技术革命为中心的高新技术迅猛发展，不仅冲破了国界，而且缩小了各国和各地的距离，使世界经济越来越融为整体。世界各国在获得世界经济一体化带来的发展机遇的同时，也迎来了前所未有的挑战。一方面，贸易与投资自由化的经济规则要求各个国家尤其是发展中国家提供公平竞争的政策环境；另一方面，生产资料和技术资金

的跨界流动，为各个国家能够利用全球资源发展本国经济提供了现实可能性。

"经济全球化是当今时代发展中国家行政生态环境最深刻的变迁之一。"[①] 从某种意义上说，经济全球化既是各国经济和生产力的竞争，也是各国政府提供制度、环境、公共产品和服务等行政能力的竞争，哪个国家提供良好的投资环境和稳定的制度环境，哪个国家就能更好地生存和获得更快的发展。2001年12月11日中国加入世界贸易组织，这是中国应对经济全球化机遇和挑战的重大决策，意味着中国经济更深地融入全球经济发展体系之中。中国经济在迎来更多发展机遇的同时也面临着国际市场的强大竞争压力，这将对中国现行经济体制产生深刻的影响。对于中国政府而言，建立起一个适应全球经济发展需要的经济和行政管理体制框架，是入世后面临的最大挑战，这也是新世纪中国经济建设和政治发展的基本任务之一。

公平机制和开放环境的建立，是经济一体化成为必然趋势和客观现实的要求。长期以来，为了实现经济发展，我国一直实行以政府为主导，依赖本国企业和本国资源发展经济的运行模式。改革开放以来，我国经过了六次行政体制改革，[②] 政府职能转变和行为调整的目标逐步得到明确，中国经济竞争力的"软环境"正在逐步完善。作为助推我国行政体制深刻变革的现实动力，"世贸组织在只是涉及贸易和投资规范的背后，同时提出了公平行政，一切按程序规章办事，对国内外投资者一视同仁的行政体制改革的要求"。[③] 这意味着中国政府的自身行为要更加符合市场机制做出

---

[①] 汪永成. 经济全球化与中国政府能力现代化[M]. 北京：人民出版社, 2006:143.
[②] 1982年改革，根据十一届三中全会精神进行，在大幅精简机构的同时，重点解决了领导体制和实际存在的领导干部终身制问题；1988年改革，根据党的十三大精神进行，在精简行政机构和人员的同时，提出了转变政府职能问题；1993年改革，根据党的十四大精神进行，建立适应社会主义市场经济体制需要的行政管理体制，转变政府职能，建立推行公务员制度，实行分税制财政管理体制；1998年改革，根据党的十五大精神进行，是建国以来规模最大的行政管理体制改革，明确把政府职能界定为宏观调控、社会管理和公共服务；政企分开有了新的突破，党政机关与所办的经济实体和管理的直属企业脱钩；中央各部门的部分审批权和具体事务性工作下放给地方政府，国务院机构和人员大幅减少；2003年改革，根据党的十六大精神进行，按照精简、统一、效能的原则和决策、执行、监督相协调的要求，进一步转变政府职能，调整政府机构设置，理顺部门职能分工，减少行政审批，提高政府管理水平，努力形成行为规范、运转协调、公正透明、廉洁高效的行政管理体制。从2008年开始的行政体制改革，是根据党的十七大和十七届二中全会部署，正确处理了改革发展稳定的关系。
[③] 陈清泰. 加入WTO后的中国：战略与改革[J]. 理论与现代化, 2002:78.

第五章 新时代中国政府公信力建设之路：机遇与选择

的承诺，即通过引入外部规则与制度来规范和约束政府职能范围和行为方式。但是不可否认的是我国应对经济全球化的政府改革过程是艰难的。目前，许多现行法律、法规和政策与国际惯例口径不符，政府行政法律法规的缺失为经济秩序的不规范留下了生存的空间，政府自身诚实守信、依法行政的能力还不能满足和适应经济体制的变革和要求。这为我国建立适应经济全球化发展要求的行政体制改革设定了新的"时间表"和"行动指南"，我国行政体制改革的战略要更加详尽，发展步伐要更有规律，政府机构更加精简和人员更加精干，决策更加科学，政策更具透明度，廉洁程度提高，效率进一步提升。这既是中国融入经济全球化和经济体制转轨给政府行政体制改革带来的外在压力，也是政府行为指向适应全球化经济调整的必然结果。

（二）全球治理格局调整增进各国政府间互动合作

全球治理格局取决于国际力量对比，全球治理体系变革也源于国际力量对比变化。在经济全球化迅速发展的今天，多极化进程显然具有不同于以往的新趋势，具体来说，全球的权力分布呈现由集中到流散的态势，即权力转移，这种权力转移可以通过两个维度来考察：一是从西方国家向非西方国家群体（新兴国家）转移，但新兴国家群体并非完全替代西方国家，而是共存共生。二是从传统的西方大国向新兴大国转移。冷战后，国际格局经历了短暂的"单极时刻"，随后呈现出"一超多强"的态势。随着以金砖国家为代表的新兴经济体群体性崛起，以美国为首的西方国家在全球权力格局中的份额明显减小，国际格局的多极化趋势日益显现出来，形成了多元多边多层的全球治理复杂格局。时代发展与现行全球治理体系不适应的地方越来越多，国际社会对变革全球治理体系的呼声也越来越高。推动全球治理体系变革是国际社会大家的事，要坚持共商共建共享原则，使关于全球治理体系变革的主张转化为各方共识，从而形成一致行动。

当前，人类社会面临许多严峻挑战，治理赤字、信任赤字、和平赤字、发展赤字有增无减，世界发展中不稳定、不确定因素增多。随着国际格局的深刻变化，现行全球治理体系存在的问题日益凸显，与时俱进完善全球治理体系的呼声越来越高。资本主义市场经济所造成的国内和国际贫富差距的扩大成为国内治理和全球治理的主要难题,促进公平发展是决定这一轮权力转移的关键。当今时代,中国的发展离不开世界,世界的发展也离不开中国。中国积极参与全球治理体系改革和建设,推动构建人类命运共同体,不断为人类文明进步贡献力量。中国的崛起速度之快,客观上促进了国际权力的转移。当前,我国正从经济全球化的重要参与者转向经济全球化的重要推动者,并在一些全球经贸规则的构建中发挥主导性作用。中国的成功经验确实引起了世界各国的关注,2019年,中国经济增速在世界主要经济体中名列前茅,中国对世界经济增长贡献率达30%左右,持续成为推动世界经济增长的主要动力源。随着时代发展,现行全球治理体系与之不适应的地方越来越多,国际社会对变革全球治理体系的呼声越来越高,中国更坚持为发展中国家发声,加强同发展中国家团结合作。中国积极投入维和、反恐、减贫、救援等行动,受到联合国和各国的赞扬,在艰难时刻如国际金融危机、多边合作受到冲击时,总是信守承诺,优先保障提供公共产品。实践证明,中国既是国际体系的受益者,也是贡献者;既是国际秩序的维护者,也是改革者;既是国际治理体制变革的参与者,也是推动者。

## 二、国家治理体系和治理能力现代化加速政府职能转变

(一)国家治理现代化的历史路径和顶层设计

现代化是20世纪以来世界各国共同关注的重要话题,是一个国家在历史变迁过程中所经历和展现出来的经济、政治、文化、社会、生态等各领域的重大变革。一个国家选择什么样的治理体系,是由这个国家的国情和历史文化传统决定的,新中国成立以后,中国人民就在中国共产党的领导下着力恢复国民经济并进行社会主义改造,为现代化建设奠定基础。党的十八大以来,以习近平同志为核心的党中央进一步聚焦现代化,强调要从经济建设、政治建设、文化建设、社会建设和生态文明建设"五位一体"总体布局的高度推进社会主义现代化。国家治理体系和治理能力是一个国家的制度完备程度和执行能力的集中体现。党的十八届三中全会提出"国家治理体系和治理能力现代化"这一概念,强调"全面深化改革的总目标,

就是完善和发展中国特色社会主义制度、推进国家治理体系和治理能力现代化"。在此基础上,党的十九大提出,到21世纪中叶,我国物质文明、政治文明、精神文明、社会文明、生态文明将全面提升,实现国家治理体系和治理能力现代化,成为综合国力和国际影响力领先的国家。

(二)国家治理体系和能力现代化的优势助推政府治理效能提升

政府治理是国家治理的一项重要内容,一系列我国宏观治理体系的顶层设计,都离不开政府治理效能的切实提升和主体推动。政府作为推动国家治理体系和治理能力现代化的重要主体力量,其自身的结构和能力水平既是检验国家治理体系和治理能力现代化水平的重要标识,又是影响国家治理效能发挥的重要因素。随着经济社会的不断发展,特别是改革开放之后社会结构的日趋多元,建国之初建立的统一的计划管理模式已经难以适应现实的需要。针对高水平开放与提升政府治理效能的客观要求,我们通过推动多轮政府机构改革以优化政府结构体系、改革创新行政审批制度以激发释放行政效能、正确处理政府与市场的关系以充分发挥市场在资源配置中的决定性作用并更好地发挥政府作用、全面推行依法治国以营造良好的制度环境等举措,及时改进政府治理模式,较好地推动了国家治理水平的提升。

党的十八大首次明确提出,要建设人民满意的服务型政府。在这一目标指引下,中国政府坚持以理顺政府与市场关系为核心,深化经济体制、财税等方面的改革,发挥市场在资源配置中的决定性作用并更好地发挥政府作用,致力于打造"有为的政府"和"有效的市场";以简政放权为导向,大力推进政府机构和"放管服"改革,进一步转变职能,创新监管方式,全面提升行政效能;以提升服务质量为目标,大力建设法治政府、创新政府、廉洁政府,为全社会创造了良好的营商环境。总体而言,相较于前工业社会采用的"统治型治理"以及工业社会采用的"管理型治理"模式,中国政府在后工业时代进行"服务型治理"的探索与实践,无疑更加契合当今世界经济社会发展潮流。尽管从管理到治理只有一字之差,但这标志着中国对社会治理规律的认识实现了新飞跃。在制度体系建设方面,先后构建了公共服务体系、城乡社区管理体系、社会治安防控体系、社会保障体系、社会信用体系、应急管理和国家安全体系等，初步形成了较为完备、运行有效的制度体系。在社会体制方面，逐步从国家一元管理向多元社会主体共建共治共享转变，构建起在党的领导下政府、社会、市场、公众多元主体共建共治共享的社会治理格局。

十九届四中全会公报强调，"我国国家制度和国家治理体系具有多方面的显著优势"，与此同时，我国国家治理体系和治理能力在制度、主体、话语和立场方面的优势有助于助推新时代政府公信力提升，建设人民满意的服务型政府。首先，中国特色社会主义制度和国家治理体系是以马克思主义为指导、植根中国大地、具有深厚中华文化根基、深得人民拥护的制度和治理体系，是具有强大生命力和巨大优越性的制度和治理体系，为政府公信力提升提供了有力的制度保障。它是具有强大生命力和巨大优越性的制度和治理体系。其次，坚定遵循人民立场，维护好人民最根本利益，并维护好人民的基本权利，从根本上会提升人民对政府公信力最大的认同度和响应度。再次，党委领导、政府负责的多元主体协同治理有利于政府公信力提升，从而获得更多的认同与支持。习近平总书记在党的十九大报告中，对我国社会主义矛盾做了精准、科学的论断，这不仅是政府决策的依据，更是人民对政府治理绩效的检验标准和判断准则。一是对生活质量提出了更高要求。民众对美好生活的向往涉及衣食住行等多方面，其中对生态环境的要求越来越高，对城市社区的综合治理格外关注和重视。二是对政府治理绩效提出更高要求。值得注意的是，个别地方政府出于发展经济的目的，往往把经济的增长和城市的扩容指标放在治理绩效指标的首要位置，忽视人民群众的民生需求，影响了政府的公信力，这些都需要在政府治理评价体系中予以考量。

## 三、反腐倡廉建设巩固政府整体信用效度

依法治国是社会主义民主政治的基本要求，完善的法律制度是依法行政的前提和基础，也是政府公信力建设的法律保障。我国公共行政的实践表明，政府履职能力强弱、回应速度快慢、服务水平高低，不仅取决于政府与社会在利益上的博弈，而且跟社会对政府的监督效能密不可分。腐败

第五章 新时代中国政府公信力建设之路：机遇与选择

是影响政府公信力的重要因素，反腐倡廉是确保政府公信力的关键制度，可以通过制定官员行为准则、道德行为规范以及官员财产登记、用人回避等，促进政府公正廉洁，防止政府机构及其人员以权谋私。政府有没有公信力，一条重要标准就是看政府能不能严格执法、依法办事，能不能始终按照宪法和法律法规规定权限和程序使用权力。没有行政领域的"有法可依、有法必依、执法必严、违法必究"，就不可能有真正意义上的政府公信力。

廉政和公信力是部分与整体的关系。从我国的具体实际看，廉政建设作为政府公信力的重要方面，对于政府的号召力、凝聚力和亲和力都有深远影响，是人民群众认同政府的主要依据。① 长期以来，我国始终坚持以反腐败斗争推进廉政建设，反腐倡廉一直是打造政府公信力的重要手段。英国学者阿克顿指出："引起腐败的原因是权力，绝对的权力引起绝对的腐败"，腐败导致政府诚信缺失，因而反腐败就是反方向追回诚信的活动。随着社会变迁和经济发展，我国政府职能有所拓展，构成公信力的要素越来越多且趋于复杂，政府廉政形象和制度的建立健全始终是获得公信力的重要部分。

（一）市场经济发展易诱发行政权力异化

市场经济是以市场为基础配置资源的经济。建立社会主义市场经济体制是我国经济体制的根本性创新，是实现社会主义现代化的根本途径。市场经济在理想的充分竞争条件下能够高效地实现资源配置，但其自身运行也必然产生宏观经济失衡、经济周期波动与社会收入分配不公等"市场缺陷"。正如萨缪尔森·P.亨廷顿所说的："市场和政府这两个部分都是必不可缺的，没有政府和没有市场的经济都是一个巴掌拍不响的经济。"② 市场失灵、市场缺陷的存在客观上要求政府在保持宏观经济的稳定性、确立和维护市场交易的"游戏规则"、组织公共物品供给、协调对外经济关系等方面履行一定职责，以弥补市场不足。但政府介入主要不是管制市场，不是参与市场决策，而是引导市场，服务于市场，因此，在市场经济条件下，政府职能的转变和行政权力的运行越来越强调服务和效能，服务行政和高

---

① 浦绍勇.我国地方政府公信力建设：问题与对策分析[D].云南大学，2011:28.
② 〔美〕萨缪尔森·P.亨廷顿.经济学（上）[M].北京：中国发展出版社,1992:87.

效行政已成为各级政府进行行政体制改革的重要价值目标。

目前，我国正处于社会主义市场经济的转轨阶段，统一开放的市场环境尚未完全形成，市场经济主体的权责关系模糊。因此，转型期经济的快速发展，带来资源的优化配置与生产、分配、消费等方方面面的改革，也使一些领域滋生了腐败的温床。难免有部分的政府组织和个人受经济利益的驱使，在行使市场经济宏观调控职能的过程中对公共权力的侵蚀与剥夺，激发了行政权力异化的动机和行为①。权力的腐败导致分配的不公，刺激不正当竞争，引发经济利益的恶性冲突，不仅造成了巨额经济损失，也构成了对政府合法性的严峻挑战。在社会主义市场经济条件下，政府公正廉明是民众信任的基础，也是政府公信力最基本的表现和要求，"如果我们不能有效遏制和解决腐败问题，加强反腐倡廉建设，政府就会失去公信力，人民就不会相信我们能把其他事情办好，我们的一切工作和努力都有可能付诸东流"。②

（二）社会结构调整促成利益主体多元化

随着我国经济发展和社会转型的日益深入，社会阶层逐渐分化，利益主体日益多元，因分配不公、利益调整失当引发的群体性事件日增，社会矛盾日炽。群体性事件是社会转型期一种符合发展规律的正常现象，是社会结构调整过程中的必然阶段。综观人类社会的发展历史，凡是处于社会变动变革的时期，都是群体性事件的高发期。美国政治学家塞缪尔森·P.亨廷顿曾经指出："虽然现代性孕育着稳定，而现代化过程则滋生着动乱"，"从传统到现代的过渡时期就是一个克服社会动荡和政治衰朽的阶段"。当前我国正处在社会转型、体制转轨的特殊历史时期，多方面的因素共同作用致使了突发群体性事件的激增。首先，社会主义市场经济的发展，在各种社会资源有限的前提下，必然导致经济利益上的冲突和摩擦。市场经济发展过程中部分企业经营亏损、破产、转制使一部分职工面临着重新就

---

① 行政权力异化通常是指行政权力的主体违背了公共服务的本质，权力私有化、商品化、关系化、特权化，为个人谋私利或者谋取小团体的利益，权力异化的目的是以权谋私，权力异化的表现形式是腐败。值得强调的是，权力异化不分"资""社"，行政权力的异化是历史因素、体制因素、时代原因和文化因素影响共同作用的结果。就目前我国权力腐败的现状而言，社会主义市场经济发展带来的利益诱惑不是产生行政权力异化的根本原因，但的确是激发政府权力异化的主要诱因。

② 中共中央政治局常委、国务院总理李克强在2013年国务院召开第一次廉政工作会议上强调：廉洁是政府公信力的基石，一个依法行政、廉洁高效的政府是人民所期盼的，只有做到这些，人民才会拥护。

业的生活压力。短期内工作安排和生活保障问题得不到妥善解决时，很容易引发群体上访事件的发生；随着城市化过程的推进，城市的发展与农村发展存在着很多经济矛盾和纠纷，由于土地征用补偿、征地后劳动力的就业和安置等相关政策不落实不配套，影响了村民的切身利益，从而引发群体性事件；经济发展对自然资源的掠夺性开发造成的环境污染也是引发群体性事件的诱因。其次，社会转型期伴随着社会阶层、群体和组织的分化，多元化的利益群体不可避免地会相互竞争和冲突。不同的利益主体由于占有社会资源的不同和利益的差别，相互之间会产生各种矛盾甚至冲突。特别是由于财富分配和权利供给等方面的原因，致使社会弱势群体面临着生存、机会和权利的多重困境，这些困境的交织，已经日益成为社会群体性事件发生的重要因素。再次，社会分化的加速，使不同社会群体和阶层的利益意识会不断被唤醒和强化，人们的价值观念、思维方式、文化关怀等方面将不断趋于多元化。

（三）反腐倡廉建设有效提升政府信用能力建设

随着社会主义市场经济的纵深发展和社会结构的深刻变迁，公众对于政府的多样化需求和个性化需求增多，政府公信力的构成要素相应增加，政务公开和政府回应等成为新的关注点，政府廉政能力和公信力得到更多关注，并受到多方力量的影响。自党的十九大以来，党中央连续召开十九届二中、三中全会和十九届中央纪委三次全会等，总结和回顾以往党风廉政建设和反腐败工作并安排部署新的工作任务。党和国家从单独提出党的作风建设和廉洁政府建设，到统一明确党风廉政建设，实现了概念层面上对廉政建设与政府公信力的拓展。2018年党和国家的机构改革，将监察部、国家预防腐败局的职责，最高人民检察院查处贪污贿赂、失职渎职以及预防职务犯罪等反腐败相关职责整合，组建国家监察委员会，同中央纪律检查委员会合署办公，则是从改革实践层面延伸了廉政建设的广度。自此，我国实现了党对反腐败工作的集中统一领导，实现了党内监督和国家机关监督、党的纪律检查和国家监察有机统一，实现对所有行使公权力的公职人员监察全覆盖[①]，为增强政府公信力创造了良好的发展环境。

---

① 中共中央印发《深化党和国家机构改革方案》，新华社，2018年3月21日。

经过改革开放后的多轮体制改革，逐步形成了系统完备、科学规范、运行高效的党和国家机构职能体系，实现了党的领导下的政府职能转变，实现了党的建设与政府廉政建设高度融合、一体发展。从党的规章制度和党内法规的情况看，中国共产党高度重视对政府及各级干部的诚信制度建设，多次提出要"提高行政效率，全面提高政府效能，建设人民满意的服务型政府"等等，先后出台多部条例和法规，如《中华人民共和国政府信息公开条例》《领导干部廉洁从政准则》《中国共产党纪律处分条例》等，有效促进了廉洁政府建设，极大地提高了党员干部的廉洁从政、诚信为政的意识和能力，实现了廉政建设与政府公信力提升同频共振和整体发展。

## 四、公众参与能力加速政府社会管理创新

### （一）公众公民意识的提高引发政治参与方式的革新

"一个国家，只有当它的人民是现代人，它的国民从心理和行为上都转变为现代的人格，它的现代政治、经济和文化管理中的工作人员都获得了某种与现代化发展相适应的现代性，这样的国家才可真正称之为现代化的国家。否则，高速稳定的经济发展和有效的管理，都不会得以实现。即使经济已经开始起飞，也不会持续长久。"[①]我国是社会主义国家，国家在社会、政治、经济、文化各项领域中都赋予了公民广泛的权利和义务，并以宪法的形式为公民主张权利提供了物质和宪政。新中国成立初期，中国共产党和政府依靠人民群众的信任和支持，我国取得了社会主义革命和建设的辉煌成就，为我国社会主义发展奠定了坚实的群众基础。改革开放以来，人民群众的公民意识状况有了很大改观，现代公民意识[②]的特征越来越突出地显示出来，我国人民的公民意识开始得到启蒙和激发，社会成员日益自觉地意识到自己的公民身份，意识到作为国家主人的责任和义务。毋庸置疑，所有这些必将伴随着改革开放的继续而不断强化。越来越多的公民在政治参与时，体现出愈来愈强烈的公民权利意识、民主意识和权利

---

① 〔美〕英格尔斯.人的现代化[M].殷陆君，译.成都：四川人民出版社，1985:196.
② 将公民意识作为现代化的标志，主要是从"公民意识"与"臣民意识"对比的角度而言的。臣民是君主的附庸，臣民无我；而公民作为市场经济、现代社会和民主政治的产物，是有主体意识和自由权利的人，是国家的主人。

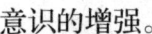

意识的增强。

伴随着公众公民意识的增强，公民政治参与方式日渐显现出多层次、多样性的发展趋势。当"没有民主就没有社会主义，就没有社会主义现代化"①的理性认识上升到国家制度层面时，公民有序政治参与的制度被不断地具体化，个体参与与群体参与并存、现实参与与虚拟参与同在、基层参与与高端参与共进、建设性参与与批判性参与相融的公民政治参与的新渠道与新方式在政治实践中被不断地创造与刷新。

公民意识的提高和政治参与方式的革新一方面体现了我国民主政治发展的进步和上升，另一方面也在一定程度上触及了政府原有的管理权威，政府权威代表着政府在社会管理和公共服务过程中形成的得到人民认同的威望和影响力，而政府的公信度恰好是政府管理权威的最好体现。新时期，公民参与政治能力的提升，要求政府建立新的"官民关系"，将人民的利益切实地贯彻到政府的管理工作中，通过高效优质的公共服务和诚信务实的行政作风和行为方式，赢得公众的认同和信任。通过扩大公民有序政治参与、实现国家与公民的良性互动，维护政府的合法性地位，提升政府公信力。当然，现阶段实现公民有序和有效政治参与还面临着许多困难与阻力，政府良好愿望与公民需求间有时还有距离，公民有序政治参与的制度供给与政治资源开发尚有很大空间。

（二）互联网的发展拓宽民意表达渠道

互联网时代的来临，是世界进入信息化时代的重要标志，信息形态的传递突破传统媒体的把关制度，改变了原有信息流动格局。1994年，中国大陆接入国际计算机互联网，标志着中国互联网时代的来临。2008年底，我国网民数达到2.44亿，互联网普及率以22.16%的比例首次超过21.19%的全球平均水平；截至2019年6月，我国网民规模达到10.51亿，互联网普及率为90.3%。国家CN域名数达135 712万，三项指标继续稳居世界排名第一。② 预计到2025年，中国网民数量将突破12亿。互联网发展过程中产生的电子邮件和QQ、微博以及微信等方便私人间传递信息的手段，

---

① 邓小平在1979年党的理论工作务虚会上，提出了"没有民主就没有社会主义，就没有社会主义的现代化"的著名论断。
② 数据来源于中国互联网信息中心（CNNIC）《第40次中国互联网发展状况统计报告》。

使"在场和缺场纠缠在一起,让远距离的社会事件和社会关系与地方性场景交织在一起",①也使分散的、个别的和区域的信息点实现了点对面的大规模传播,同时使关系公共利益的公共信息为广大民众所知,取得公共舆论的效果。同时,随着网络技术的发达,公众掌握和利用网络的能力的提高,使公众越来越频繁地利用网络参与政治。中国政府网络平台的建立和开通,也正式标志着我国政府与公众网络对话的合作治理方式的建立。

我国互联网时代的快速发展,拓宽了民意表达的渠道,改变了政府对公共舆论话语权的掌握。长期以来,我国舆论空间中的各种主流媒体一直由政府或者党委宣传部门掌握,在一定程度上保证了社会主义思想作为社会主流思想,对宣传党的路线、方针、政策上具有重要作用。但是,这种静态、单向的信息传递格局无法及时、直接和有效地传递民意,而公众也已经习惯了政府主导民意的局面。互联网的发展,打破了政府一统媒体和主导民意的局面,使社会公众能够并通过网络的影响力上传民意,并能够自发地传播民意,促使党和政府关注民意,适时修正政府决策。网络民意的形成使公众由被动的信息接收者变成了主动的信息传播者和共享者,极大地增加了公众参与舆论的热情。公众借助网络获取各自所需的信息,在掌握当前最新动态的同时,运用论坛、博客等形式或发表自己的观点、或提供极具新闻价值的背景材料,打破了政府一统媒体的传统垄断地位,使得民众的声音汇聚起来,形成舆论压力。

对政府而言,互联网的不断发展使政府机构的运作开始暴露在聚光灯下接受公众和社会全方位的监督,其行政管理活动的行为、措施、过程和绩效的点滴失误都可能随着媒体报道的介入和网络民意的传播而快速地被公众所知晓,这是对政府公信力水平的一次直接的全面检视。而公众通过网络聚焦政府公共事务时往往抱着质疑和监督的态度,所以,政府在积极回应公众质疑和接受公众监督的过程中,还要对网络中不客观、不真实的民意信息进行甄别,正确引导民意,积极疏导民意,这大大增加了政府正常的行政管理工作的难度。互联网时代的不断发展,网络民意势必成为公民利益表达的重要方式和途径,面对公民网络政治参与意识的增强,民意

---

① 白春阳,马骏峰.政府公信力:现代公共生活秩序的核心问题[J].天津社会科学,2008(1):54.

表达渠道的拓宽，政府要维护自身的权威性和诚信形象，必须要从更新行政管理理念，规范自身的管理行为方式做起，增强政府工作的高效性与回应性，重新构建民众信任的政府良好行为表现机制和运行机制。

## ■第二节　新时代中国政府公信力建设的理性选择

　　政府公信力建设是政府与时俱进地实现改革目标的自律过程，现实情况证明，随着新时代中国特色社会主义进程的不断加快和国家治理体系和治理能力现代化建设的新要求，我国政府公信力的持续提升面临着经济体制转轨和社会结构调整等诸多方面的外部压力，政府行政体制改革的自身目标要求和政府公信力状况的现实差距，迫切要求各级政府以系统宏观的战略眼光和自我革新的勇气和实际行动，理性选择和务实推进政府公信力提升的基本路径。

### 一、加强中国共产党对政府公信力的政治引领

#### （一）坚持马克思主义的指导地位

　　许多现代西方理论在很大程度上是以马克思主义为参照系和假想敌建立起来的。反诸其道，马克思主义显然也是破解西方话语的有力思想武器。对于政府公信力问题，应坚持用马克思主义唯物史观、群众观来思考。在中国这个社会主义国家，政府是为人民服务的，政府依法履行公共事务治理职能，依法行政，绝不允许政府工作人员打着"公共利益"的招牌追求私利。

　　中国共产党应始终坚持用科学理论思想武装自己，高举共产主义旗帜，发挥正确引领作用，坚定不移地走向社会主义大道。共产主义理论符合全人类的整体利益，为全人类的解放发展指明了方向和道路，在民众中具有广泛的影响力和号召力，而用这种先进理论武装起来的中国共产党，自然也就能够得到广大民众的认同。从革命战争时期开始，中国共产党就始终

用勇于奋斗、敢于牺牲的精神感染人民,用共产主义的旗帜引领人民,不断将共产主义理论同中国具体国情相结合,引领中国人民取得了革命斗争的胜利,并且不断前进,走上一条具有中国特色的社会主义大道。近一个世纪来,我们党都在实践中不断提升思想理论水平,为治国理政奠定了坚实的理论基础,然而当今世界和当代中国都在发生着深刻的变革,各种新情况和新问题也都层出不穷,我党想在这种错综复杂的环境中立于不败之地,不断赢得民众的认同和支持,就必须树立思想理论匮乏和短缺的危机感和忧患意识,在坚持高举共产主义旗帜的基础上,与时俱进,锐意进取,在适应时代进步和社会发展中加强思想建设,用先进的思想理论成果彰显公信力,才能更好地发挥对民众的思想引领作用。

(二)构建具有说服力的中国话语

在中国传统文化中,官是"父母官",兵是"子弟兵",国家是"天下为公"。当然,这是一种理想化的设计,但是至少体现了家国一体、官民一体和中华民族共同体的价值追求。这一点与西方很不相同。今天我们强调文化自信,就应从中国优秀传统文化中提炼出进步的、积极的观念,经过现代转化,使之既能实事求是、名实相符地反映中国的现实状况,又能有效凝聚共识,助推人们对更美好生活、更完善制度的追求。中国国家建构的基础是 5000 年的文明传承、百余年的民族解放和自强运动和近 70 年的社会主义革命与建设,这意味着国家和政府在中国人的心目中有着与西方文化中截然不同的地位。首先,中华文明是在各民族不断融合发展的过程中孕育形成的。多民族融合的过程需要统一而有效的国家来为"斯土斯民"提供普遍的秩序、安全和福利。其次,近代的民族自强和解放是要应对"三千年未有之大变局",救亡图存,避免亡国灭种。虽然当时国力衰弱,但人们依然希望有强大的国家来凝聚起民族力量,实现社会的组织化。再次,新中国成立以后,中国人民要建设国家、实现社会主义现代化和中华民族的伟大复兴。无论从中国传统政治思想还是从每个阶段的历史重任来看,中国社会都不是个体至上的,个人利益永远不能压倒人民的整体利益。因而,中国人理解的国家和政府是公共利益的代表,其目的是防止任何个体和集团凌驾于社会整体利益之上。在中国文化中,更强调个人、

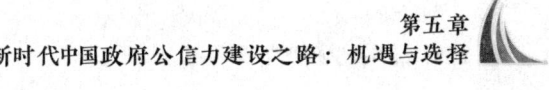

社会和国家的统一性而非对立性。①

## 二、坚定彰显政府公信力提升人民本位

十九大报告明确指出"坚持以人民为中心。人民是历史的创造者,是决定党和国家前途命运的根本力量。必须坚持人民主体地位,坚持立党为公、执政为民,践行全心全意为人民服务的根本宗旨,把党的群众路线贯彻到治国理政全部活动之中,把人民对美好生活的向往作为奋斗目标,依靠人民创造历史伟业。"坚持以人民为中心,也是深藏在中华文明优良传统中的政治传统。"民惟邦本,本固邦宁""民为贵,社稷次之,君为轻""水能载舟,亦能覆舟"等深入人心的古语,正是其深层次写照。坚持以人民为中心,也是中国共产党对各级领导干部的一贯要求。习近平同中央党校县委书记研修班学员座谈时强调,各级领导干部都必须做到"心中有党、心中有民、心中有责、心中有戒",并告诫全党,我们党来自人民、植根人民、服务人民,一旦脱离群众,就会失去生命力。"坚持以人民为中心"正是这一重要思想在新时代党的基本方略中的生动体现,也是在伟大事业和伟大工程中坚持党性和人民性高度统一的生动体现。

坚持以人民为中心,是由中国共产党作为马克思主义执政党的本质属性所决定的。正如党的十九大报告所说,中国共产党一经成立,就把实现共产主义作为党的最高理想和最终目标,义无反顾地肩负起实现中华民族伟大复兴的历史使命。"人民立场是中国共产党的根本政治立场",是中国国家治理区别于西方国家治理的显著标志。在国家治理过程中,我们积极健全为人民执政、靠人民执政的各项制度,紧紧依靠人民推动国家发展。一方面,政府应积极顺应人民群众对美好生活的向往和期待,坚持以人民为中心的发展思想,以最大的民生礼包回应人民诉求,努力让每个孩子站在同一条起跑线上、让就业机会更加充裕、让"钱袋子"更鼓、着力破解"看病难看病贵"、让住房有保障、让蓝天青山绿水更多等,使改革发展成果更多惠及全体人民。另一方面,只有维护好人民的知情权、话语权和监督权,以人民的权力来制约公共权力,才能使公共权力服从人民权利的要求,

---

① 范勇鹏.用中国话语解释公信力问题[N].人民日报,2017-12-17(05).

为提升政府公信力提供民意支持。因此，坚定遵循人民立场，维护好人民最根本利益，并维护好人民的基本权利，将助推人民对政府公信力最大的认同度和响应度。

提升政府公信力要求认真回应群众诉求。政府只有不断为人民提供高效优质的公共服务，人民才会对政府更满意。应增强政府为发展服务、为基层服务、为群众服务的意识和本领，运用现代科学技术提高治理水平、改进服务质量。政府、媒体、群众应真诚互动和良性对话，切实保障人民群众的知情权、参与权、表达权、监督权。通过这些努力，以中国人的政治智慧，提高和维护政府公信力，营造出更加和谐互信的积极氛围。

## 三、优化政府公信力建设的信用环境

（一）深化行政体制改革，进一步转变政府职能

当前，建设政府公信力迫切需要通过深化政府行政体制改革，为政府公信力的提高提供良好的体制环境。毫无疑问，我国各级政府公信力建设的首要难题在于克服原有的行政管理体制的问题和弊端。行政体制改革作为我国政治体制改革的重要内容，是构建适应社会主义市场经济要求的政府行政体制的适应性变革。同时随着经济社会的发展和改革的深化，也会产生许多新的问题，需要通过进一步的行政管理体制改革来解决。目前，深化行政体制改革，首先要加快推进政企分开、政资分开、政事分开、政府与市场中介组织分开。其次，加大机构整合力度，规范垂直管理部门和地方政府的关系。针对目前政府职能错位、职责交叉、权责脱节问题，明确界定部门分工和权限，理顺部门职责关系，制定权力运行规则，积极探索和践行权责有机统一的大部门体制，建立健全部门间的协调配合机制。

行政管理体制改革是一个逐步深化的过程，不可能一蹴而就，有些问题只能逐步解决，因此，行政管理体制改革是一个阶段性与连续性相统一的进程，要有重点地逐步推进。习近平总书记在十九大报告中指出，为适应新时代中国特色社会主义现代化，要进一步深化机构和行政体制改革。报告特别提出要"统筹考虑各类机构设置，科学配置党政部门及内设机构权力、明确职责"。与此同时，"统筹使用各类编制资源，形成科学合理

的管理体制，完善国家机构组织法。"现阶段，推进行政体制改革，提高政府公信力，要按照深入贯彻落实科学发展观的要求，着眼于解决行政管理体制和机构方面存在的突出问题，积极转变政府职能，强化社会管理和公共服务。

第一，加强社会管理，推动社会和谐稳定发展。各级政府都应该正确处理改革发展稳定的关系，把发展的速度、改革的力度、群众可承受的程度有机统一起来，认真解决涉及群众利益的重大经济和社会问题和突出矛盾。要通过制定社会政策和法规，依法管理和规范社会组织、社会事务，协调各种利益关系，维护社会秩序和社会稳定。要积极扩大就业，努力完善社会保障体系，逐步理顺分配关系，加快社会事业发展，切实维护群众利益，促进社会公平和正义。各级政府组织和领导要深入社会基层，切实解决困难群众生产生活难、就业难、上学难、看病难、行路难、办事难等群众高度关注的问题。

第二，健全政府职责体系，完善公共服务体系。政府要努力提供充足优质的公共产品与公共服务，保障群众基本生活，不断满足人民群众日益增长的公共服务需求，进而不断满足人民群众日益增长的对美好生活的向往和需要。要在加强经济调节、市场监管的同时，更加注重公共设施建设，健全公共服务系统，不断加大对社会公共领域的财政投入；要加快建立和完善社会保险体系、城乡居民最低生活保障制度、被征地农民基本生活保障制度、以大病统筹为主的新型农村合作医疗制度、公共卫生体系建设等等。同时，政府面向产业和行业构建的公共服务体系，要立足于解决行业的共性技术和生产性服务需求，建立各类平台性质的载体。

（二）完善权力监督和制约机制，健全社会信用体系

建设政府公信力，需要发挥社会多元主体的监督作用，通过健全完善社会信用体系，为政府公信力的建设提供良好的社会信用环境。在十九届中央纪委二次全会上，习近平同志强调，要全面贯彻党的十九大精神，确保公共权力正确和合法行使，必须让权力在阳光下运行。同时要通过改革和制度创新切断利益输送链条，加强对权力运行的制约和监督，形成有效管用的体制机制。这意味着完善权力监督和制约机制一是在加强各级领导

班子建设的同时，建立健全规范而有效的内部监督和制约机制。要坚持用制度管权、管事、管人，健全组织法制和程序规则，保证国家行政机关按照法定权限和程序行使权力、履行职责。尤其要加强领导干部特别是对"一把手"的权力监督和制约，重点加强主要领导干部、人财物管理使用、关键岗位的监督；二是加强民主监督，建立健全外部权力监督和制约机制。一要加强党内监督。要健全党内的各种监督措施，包括述职述廉制度、重大事项报告制度、个人收入申报制度、廉政档案制度、民主评议制度等，保证党员干部处于组织的监督之下。二要加强人大监督。要建立司法、财政、金融、计划部门定期向人大常委会报告制度，加强对这些关系国计民生部门的事中监督；要加强地方、部门执行人民代表大会关于年度任务、计划完成情况的监督；要加强专项视察检查，做到该质询的质询，该禁止的禁止，该纠正的纠正，保证监督的针对性和有效性。三要加强行政监督。行政监督既包括上级国家行政机关对下级国家行政机关行使权力实行监督，又包括各级行政机关领导人对下级行政管理活动和职能作用发挥情况实行监督。四要加强审计监督。审计、纪检监察、组织人事各部门既要各司其职，又要通力协作，形成监督合力，共同担负起对各级领导干部特别是行政"一把手"任期内经济责任的审计任务。五要加强广泛的民主监督，包括人民政协的监督，群众团体的监督，社会舆论、新闻媒体的监督和广大人民群众的监督。加强民主监督能调动广大人民群众和社会各界的力量，共同形成对权力运用的有效监督。

建立社会信用体系是现代市场经济的重要制度安排，为提高政府公信力水平提供了良好的社会信用基础。推进社会信用体系建设，应增强全社会的信用意识和信用观念，加强诚信的宣传教育和诚信环境建设，社会诚信要求人们在为人处事及进行社会交往中应当遵循的道德规范和行为准则，要求人们遵守诺言，实践成约，以取得他人的信任。在当前形势下，首先要在各阶层、各行业、各地区，宣传信用意识，普及信用知识，推广信用观念，建设信用文化，力争形成政府、企业和个人完整的信用链条和行业诚信自律机制，并在此基础上形成社会信用的社会监督和约束机制，为建立健全社会信用体系奠定坚实的社会伦理基础。同时为适应改革开放

和市场经济的规则和要求，逐步建立和完善开放、公平的信用服务市场，增加国内信用机构的竞争压力和发展动力，加快中小企业和农村信用体系建设，以推动我国社会信用体系的建立和完善。

### （三）加强政府诚信道德教育，促进政府信用文化建设

建设政府公信力，要通过强化政府道德层面上的信用文化，为政府公信力的提升提供良好的信用文化环境。政府良好信誉与形象的树立是各级政府领导和广大政府公务员在长期地维护社会公正、为民服务的行政过程中艰辛努力的结果。加强政府诚信道德教育，首先要树立政府及其工作人员的信用观念和诚信意识。促进建设政府公信力，要强化为人民服务的民本观念，依法行政的法治观念，恪尽职守的责任观念，诚信行政的服务观念，执政为民的用权观念，做到"言必信，行必果"，讲究诚信，靠求真务实的行政作风，在公民面前树起良好的诚信形象，以实际行动赢得人民群众的真心拥护和信赖。要立足于长远发展和人民群众的根本利益，不搞劳民伤财的"形象工程""政绩工程"，保证把人民赋予的权力真正用来为人民干好事、谋实惠，把为民服务的行政理念贯彻在实际的行政管理工作上，养成兢兢业业、踏实苦干的工作作风。其次，要通过曝光和检视一些地方存在的政府信用缺失现象和失信行为，深刻分析其对地方经济、社会发展所造成的危害，使政府各级领导干部和工作人员充分认识到政府信用缺失将会带来的严重后果，同时也要通过和借助新闻媒体，宣传信用建设的重要意义，多表彰、推广优秀的诚信典型，带动、提升全社会公民的信用意识、信用观念，提高维护自身良好信用、信誉的自觉性。

## 四、构建政府公信力建设的制度体系

依法治国是社会主义民主政治的基本要求，完善的法律制度是依法行政的前提和基础，也是政府公信力建设的法律保障。因此，新时期构建适应政府公信力建设的完备法律制度体系，便成为政府公信力建设的必然选择。

### （一）完善行政制度，加快法制建设

完善行政制度，首先要建立和逐步完善规范行政行为的行政制度。规范行政行为的行政制度，主要是要使政府工作的程序有法可依，使政府工

作的程序符合公平和正义的理念。目前,针对当前我国政府行政管理制度的现状,最关键的是要完善政府公信力建设的制度保障机制。

一是完善行政听证制度。行政听证制度的建立和完善设计,是政府坚持现代行政体念,彰显公民的地位和价值,实现公民参与的有效途径。目前,行政听证制度在我国发展还不十分成熟,主要体现在听证制度使用和规定的范围和程度有限,公众参与听证的程序和效果不稳定。进一步完善行政听证制度首先要提高行政听证制度的操作性和实践性,完善听证范围和方式,根据实际情况适当结合引进非正式听证,建立听证代表的回应制度,及时地发布听证信息,提高听证过程的透明度和回应度,并接受新闻媒体的全程监督。其次是要使行政听证制度获得法律保障和良好的适用环境,积极制定行政听证制度的相关法律,提高行政听证制度的法律层次,还要引导和支持人民群众在了解认识听证制度的同时积极地参与其中。

二是完善信息公开制度。信息公开作为政府政务公开的重要内容,是政府保障公众知情权、政府透明度和公信度的具体体现。信息公开制度产生于两百多年的瑞典。① 我国于2008年5月1日才正式颁布了《中华人民共和国政府信息公开条例》,标志着我国信息公开制度化的开始。但是,与国外信息公开的法制程度相比,我国信息公开制度的法律化进程还很缓慢,目前我国各地政府出台的信息公开条例的随意性和差异性很大,因此,急需制定和出台《信息公开法》为信息公开提供法律依据,进一步保障公众的知情权;其次要尽快修改和完善与政府信息公开制度相关的法律法规。政府信息公开制度的构建与发展需要与政府信息公开相关的法律制度来加以配合和补充,如新闻发言人制度、政府信息回应制度以及新闻采访制度等以发挥信息公开最大的社会功用。

三是建设政府资信制度。资信制度是构建社会信用体系的重要内容。目前,我国部分地方已经探索和建立较为成熟和系统的个人资信制度,在一定程度上控制和强化了个人信用,同时增加了财政收入,促进了社会信用体系的完善和发展。政府信用体系是社会信用体系的核心和基础,也是衡量政府公信力的重要指标。构建政府资信制度能够广泛地拓宽民意的

---

① 瑞典于1766年制定了《出版自由法》,赋予刊以转载公文的自由,是政府信息公开制度的发源地。1966年美国制定了《信息公开法》,这是世界上最有影响的将对信息公开制度上升为法律制度的法案。

表达渠道，满足和表达公共利益，提高政府的信用水平。当前，建立政府资信制度最重要的是要建立民意表达制度和信息收集—反馈制度，例如"建立以人大为中心的民意表达平台，以点带面呈辐射状的机构设置和制度体系"，①为政府收集和回应民意提供完善和良好的资信制度环境。

四是完善危机管理制度体系。近年来，随着国际金融危机的影响，国内社会经济发展和调整的不断深入以及各种生产生活安全事故和自然灾害的增多，我国已经进入了公共危机频发期。其中政策性群体事件显著，大量群体性事件与政府的相关政策调整有较大关联。为了及时应对各种公共危机事件的发生，保证国家经济社会的平稳发展和人民群众的合法利益，建立和完善一项科学、高效的公共危机管理制度显得尤为重要。目前，我国危机管理制度已经初步形成，并在一些重大危机事件的预防和应对过程中取得了不错的效果，已经制定和颁布了一些应对危机状态的法律和法规，如《突发性公共卫生事件应急条例》《中华人民共和国传染病防疫法》等等，但是目前现有的应对和处理危机事件的《条例》或《管理办法》，毕竟它们只是行政法规和部门规章，法律层次较低，无论从整体上还是从细节上来看，法律法规体系都还不够完善，还不足以担当建立现代危机管理制度的完整功能。目前完善维护管理制度最突出的工作是制定一部完整的国家危机紧急状态管理法，构建一整套的危机管理法律体系，将各种程序、责任纳入法律的范围；同时建立科学、规范的与公共危机管理制度相适应的配套制度，如公共危机信息发布制度以及公共危机网络征信制度等等。统一、协调一致的危机管理网络，避免政令不一、职能交叉、权责不清的情况出现；只有这样在预防、应对和善后公共危机时才能有条不紊、快速有序，人民才会更加信赖政府、支持政府，政府的公信力才会提高，政府未来的施政才能更有保障。

完善行政制度，还必须健全和完善行政监督法律的建设。完善行政监督制度是政府公务人员法治理念的制度化体现，是政府及其官员的行为制度规范和道德规范的必然要求。健全和完善行政监督法律，不仅要使政府内部对行政行为有较好的监督，而且还可以使政府外部对政府有较好的监

---

① 斗丽丽.从完善制度建设谈如何提高政府公信力[J].经济与法，2019(1):39.

督。根据是政府与公众的权责关系必须承担相应制度责任与道德责任的法理逻辑，必须加强和完善行政问责制度。现阶段，我国实施的主要是同体问责制度，即政府机关内部的纵向问责和行政体制内的专门机构的问责，如监察、审计机关对责任者的追究，同体问责有利于增强政府问责的效率，但是问责效度不够。因此，在完善和加强同体问责的同时应当同时推进异体问责，主要包括人大机关对政府的问责、司法机关对政府的问责、民主党派对执政党和政府的问责以及社会舆论和新闻媒体对政府的问责等，发挥同体问责和异体问责的共同作用。当然，完善行政监督的法制化建设，还需要在制度层面完善问责制的各项程序，进一步走向对政府的程序性问责、常态性问责和合法性问责，使政府的行为越来越趋向合法和公正。

（二）建立政府信用制度，立足制度创新

"制度应该是任何一定圈子里的行为准则"。① 建设政府公信力的过程"必须立法先行，加以规范。当立法条件尚未成熟时，必须出台相应的法规或部门规章，对人们的行为进行信用规范"，② 政府信用是各级国家行政机关在经济社会管理和服务活动中能够履行契约责任而取得的信任，是政府公信力建设的重要内容。政府信用制度的制定和创新是提高政府公信力的活力和动力，只有设定完善的供政府工作人员共同遵守的信用准则和制度，才能使政府的行政管理行为以诚信、公正、合理、合法的形式理性地体现，政府才能获取公众的信任，政府公信力才能不断地提高。目前，抓好政府公信力的制度建设，关键和核心在于加强政府自身信用制度建设，立足制度创新，使政府及其公务人员不得不守信，做到"言必行，行必果"。创新政府信用制度，主要内容包括以下几方面。

第一，创新政府信用审议制度。政府信用审议制度是健全责任政府制度的重要内容之一。创新政府信用审议制度要在政府、官员和工作人员述职期间，对个人的素质、能力和信用情况进行监督和审查，并以述职报告的具体内容衡量其任职期内是否恪尽职守、诚信行政和责任行政的主要指标，并将审议结果记录在案，作为个人的工作业绩和职务升降的重要依据。

第二，创新政府信用监督评估制度。首先，创新政府信用评价方法，

---

① 斗丽丽. 从完善制度建设谈如何提高政府公信力 [J]. 经济与法，2019 (1):39.
② 童中贤. 政府信用状况与建设思路 [J]. 广东行政学院学报，2013 (1):92.

拓宽信用评级渠道。对政府公信力进行监督评估的最终主体应该是公众，所以必须坚持和完善民意调查来监督和评估政府信用的方法。目前，我国部分地区的政府有关机构已经在民意测评政府信用的实践中进行了尝试。[①] 同时要借助网络、新闻、舆论等渠道积极吸纳新闻媒体、独立机构等，形成对政府信用监督的合力。其次，创新政府公信力评估内容，创建政府信用等级评价体系。科学的政府信用评价体系主要应该包括政策稳定性指标（S–Stability）、透明度指标（T–Transparency）、公共行政的法制化程度（L–Law）、行政绩效指标（E–Efficacy）以及公务员廉洁指标（P–Probity）等五方面内容[②]，并且通过构建政府信用评价模型，结合地区的现实状况量化评级指标，科学评价政府的信用水平和能力。

第三，创新政府失信赔偿制度。政府失信赔偿制度是履行政府"责任行政"的重要制度保障。创新政府失信赔偿制度首先要明确政府失信行为的界定标准，清晰界定政府失信行为的责任承担者；其次要明确利益受损的行为主体，切实保障其获得相应的赔偿；最后要通过司法制度的创新，从法律的层面上对政府及其公务人员依法进行追究和惩处，促使政府严格履行自己的诚信责任和承诺。

值得强调的是，创新政府信用制度必须注重制度的环境生态建设，不可盲目创新，导致损害政府的公信力。在我国，政府信用制度创新同样需要一定的生态环境，政府一方面在鼓励和探索制度创新的同时，另一方面要加强宣传教育，努力提高公众、政府官员的法制意识。法律是制度的核心要素，也是制度得以良好运转的最基本的保障。同时还要注意制度推广和制度移植的差异性和适应性问题，做好其他相关配套制度建设，做好制度安排工作。

（三）引入政府绩效评估制度，重视制度落实

完备的制度和法律需要人去贯彻和执行，如果政府公务员缺乏依法行政的能力，制度就会在具体执行的过程中出现偏差，而收不到预想的效果。"制度就像是一座城堡，其所谓'好'，既要看城堡的设计如何，又要看

---

① 2013年年底，北京市政府督察办公室组织了一次"群众网上评政府工作部门"的活动，对市政府所属60个部门在北京市政府的网站上展开了一次为期13天的满意率投票，选项只有两项，满意或不满意。
② 综合以上五个方面，政府信用评价指标体系可以用函数表达为：$C=f(S, T, L, E, P)$。

防守城堡的是什么样的人。"所以政府的公务人员"必须真诚地制定法律和给出命令……不仅是立法者，还包括法官及其他所有政府工作人员，他们自己首先必须设想和相信国家的法规命令能够得到服从。如果他们自己都不相信这一点，只能说明这些法规命令不切合实际，并反证了法规命令的制定者和执行者对公众缺乏诚信"。① 换句话说，对于政府及其工作人员而言，能够忠诚地遵守并且执行法律和规章制度同样是政府及其工作人员公信力的基本体现。

政府绩效评估作为一种以结果为导向的管理方法，是监督政府行为，既是促进政府履行职能的一种手段，同时也是政府自身公信力建设的重要参考依据。一方面政府绩效评估是政府向公众展现工作效能的制度平台，另一方面可以通过绩效赢得公众的认可，构建政府与公众的信用关系。要实现政府公信力制度真正地落实和取得成功，在制度安排上，首先就需要将政府的诚信水平和信用程度指标引入到政府绩效考核指标体系中，包括对政府部门整体信用的考核和对政府工作人员信用的考核，对政府以及工作人员实现有效的制度激励。其次是注重绩效考核结果的反馈和落实，为政府绩效评估提供立法保障。政府的公共权力具有垄断性的特点，所以，政府对其自身行为的绩效评估，必须以法律的形式保障绩效评估制度的开展，这是完善绩效评估制度化、规范化和常态化的重要保证，也是客观公正地衡量政府公信力的必要途径。

## 五、调整政府公信力建设的行为方式

政府的行为方式作为政府理念和制度的载体，是衡量政府公信力水平的基本标尺。政府公信力主要是通过公务人员的具体行为和表现为行为结果的行政措施来体现的，并直接面对社会公众。优化的政府信用环境和完备的政府信用制度，为政府公信力建设提供了环境保障和制度支撑，规范的政府行为方式将直接影响政府公信力的实现效果。

第一，政府行为方式是体现政府公信力的重要载体。政府行为就是政府执行国家职能的行为。任何社会制度下的国家，执政党和国家的大政方

---

① 〔英〕卡尔·波普尔.科学：猜想和反驳[M].周煦良，周昌忠，译著：中国美术学院出版社,2003:293–296.

针都必须通过政府行为来贯彻实施。政府行为本身就是行政的过程，任何科学的行政理念和完备的社会制度，最终都要通过各级政府和政府公务人员去实施，其实施的状况与其自身行为，决定着政府公信度和形象。因此，政府能否赢得良好的公信力，直接取决于政府的行政行为情况。提高政府公信力，建设诚信政府，就是要坚持全心全意为人民服务的宗旨，坚持以最广大人民的根本利益为各项工作的出发点和落脚点，依法执政，以诚为本。落实和体现在政府行为的层面，就是要求政府行政权力的运行不仅在形式上要合乎法律的要求，而且在实质上应当贯彻法律公正、公平、公开和不得滥用权力。政府行为既包括行政决策行为也包含行政执行行为，它是政府行政理念和制度的实践行动。在现实中，政策作为政府决策行为的体现，是指导人们经济活动和社会公共生活的"指挥棒"，必须具有科学性、稳定性和连续性。政府出台一项政策，就意味着与公众立下一个契约，这个契约必须得到政府本身和社会公众的共同遵守。政府执行行为作为政府信用的实现载体，必须以行为规范化为首要前提。政府行为规范化和合法化，政府才有信用可言。政府行为决定着政府信用，政府信用目标又影响和约束着政府行为。随着改革开放的深入和经济结构的调整，各种社会矛盾和冲突加剧，政府在行政领域屡屡发生政府行政违法、行政权力异化、行政腐败等现象，相当一部分地方政府存在违法行政行为，势必对政府公信力产生不良的影响。

第二，调整政府行为方式是构建政府与公众良好信任关系的直接体现。在公众视野下的政府公信力主要体现在公民在何种程度上对政府行为持信任态度。政府为了表明自己的价值观念、执政思路和工作作风，通过规范地对社会公共事务实行管理，来展示自己的形象，彰显自己的诚信水平。社会公众根据这种形象和声誉，衡量政府公信力的强弱，并相应做出对政府信任或不信任的选择。政府的行为符合和满足公众的意愿，行政方式合理合法，讲信用重承诺，那么公众就会信任和支持政府，并且会自觉、自愿地配合政府的行政行为，政府的行政行为就会顺利，同时就能节约行政成本，提高行政效能，并因此而向社会公众提供更多更优质的公共产品和公共服务，政府公信力也随之提高。

（一）实行科学和民主决策，保持政策稳定

政府决策是行政的核心与关键环节，也是提升政府公信力的首要环节。政府作为公共政策的制定者和实施者，其决策行为直接影响经济社会发展全局，关系人民群众的切身利益。政策的稳定性是政府取信于民的重要方面，也是公众认同和信任政府行为及能力的基础。党的十七大报告中提出要推进决策科学化、民主化，完善决策信息和智力支持系统，增强决策透明度和公众参与度，制定与群众利益密切相关的法律法规和公共政策原则上要公开听取意见。

科学决策是在正确的理论指导下，按照一定的程序，充分依靠领导班子、广大群众的集体智慧，正确运用决策技术和方法来选择行为方案。决策科学化主要包括三个基本内容：一是政府决策理念的科学化。实现决策的科学化，首先决策者必须要有与时俱进的时代理念、大胆创新的勇气和科学严谨的作风，面对不适应现实发展和当前问题的传统决策方式，要勇于变革，树立科学决策观。这既包括决策者决策理念的科学化，同时还要遵循科学合理的行政决策原则，注重对科学决策理论的探索，在借鉴其他先进的决策理念和方式方法的基础上，因地制宜地处理和应对现实决策问题，实现创新决策。二是政府决策体制的科学化。行政决策体制包括行政决策机构和人员所形成的组织体系以及制定决策的有关制度。因此，行政决策体制的科学化，既要做到决策主体的组织化还要实现决策程序的制度化。三是政府决策方法的科学化。"要实现决策科学化并不是科学技术体系本身所能解决的，科学技术体系的丰富和完善只是为重大决策实现科学化提供了一种可能性，任何决策的可行性论证不应只考虑技术和经济层面的问题。如果抛开或者忽略考虑法律上是否允许、操作上是否可行、进度上可否实现、政治上能否被有关各方面所接受等等这些综合方面的可行性，这类决策的'科学性'就要值得怀疑。"[①] 政府决策的分析、制定、评估、执行和反馈是一个复杂的、不断优化的系统过程，需要通过对实际情况的考察，来选择最科学和有效的方法，而不能片面地强调决策的技术条件对政府决策的作用。

---

① 杨云山.论决策的科学化和民主化.[EB/OL] 人民网：http://theory.people.com.cn/GB/41038/4860799.html.

## 第五章
### 新时代中国政府公信力建设之路：机遇与选择

科学化决策的实现，主要通过两个方面：一是要保证科学决策的程序性，科学决策不能由政府简单拍板，随意决策，更不能信口开河，而是要在正确的理论指导下，按照一定的行政决策程序，充分依靠政府领导班子和广大人民群众的集体智慧，正确运用决策技术和方法来选择行为方案；二是要实现科学决策的创造性。政府决策不是留声机也不是传话筒，政府决策本身就是风险性决策，必须针对需要解决的问题和需要完成的新任务而做出抉择，尤其是遇到关系到公众利益和国家命运新的重大问题时，更需要政府集合多方的智慧，以宏观和发展的战略眼光，对问题做出正确的判断，并对决策的风险性进行评估，获取较大效益的行动方案，从而进行创造性的科学决策。

决策的科学化与民主化是紧密联系在一起的。政府的公信力应建立在政府的公共政策能够广泛代表不同公共利益的基础之上，公民即公共利益的主体应当成为宪政秩序下政府治理过程的正当参与者。因此，在建设政府公信力的过程中，实行决策民主化是保障政策的稳定性和连续性，巩固政府与公众信任关系的重要基础。决策的民主化是保证决策能够听取民意，得到民众支持，化解矛盾，取得预期决策效果的过程。

决策民主化主要包括三个方面：一是政府决策价值取向的民本性，即以反映和实现人民群众利益为根本宗旨。这要求政府决策过程中不能因为个人或利益集团的影响而使政策出现偏移甚至歧视，要以民为本，充分考虑民众的利益，就政府机关所要解决的重大问题的意向和愿望，广泛听取民意，做出符合多数人愿望和利益的决定。二是政府决策社会参与机制的法制性。这就要求政府在决策过程中要严格依法公开，明确规定公众参与的内容、方式、途径，防止决策的随意性、主观性，引导群众有序参与，切实保障群众的知情权、参与权、表达权和监督权。为了保证人民群众参与政府决策权利的实现，确保政府决策符合人民利益，应通过法律形式赋予和保证人民群众对政府决策信息的知情权和参与权，对政府决策信息公开的内容、时限、形式都应该以法律形式予以具体的规定，对不遵守法律规定的政府或部门应依法追究其责任。另外，要进一步规范政府决策的社会听证制度和专家论证制度，努力拓宽社会参与的渠道和方式。三是政府决策制定和执行程序民主化。要在政府决策过程中，集中广大人民群众的智慧，政府决策制定的每一步程序、每一道环节、每一个方案都要向公众公布，尤其是关系国计民生的政策和重大事项要采取集体决策的方式，广泛征求公众和利益相关人意见，健全重大事项决策规则和程序。积极培育和运用第三方政策研究咨询组织参与政策决策的评估与论证，同时不断完善专家咨询和评估制度，对专业性、技术性较强的重大事项进行必要性、可行性、合法性论证，使决策更加科学合理，形成多种形式的决策信息支持系统。四是政府决策沟通和回应的及时性。与公众进行良性互动，在沟通中取得共识，在共识中进行决策，在决策实施中实现互信，同时加强教育引导和对公共决策相关知识的宣传，激发公民参与政府决策的主动性、自觉性和主体责任感。

（二）严格依法行政，促进社会公正

在现代民主社会中，公正是保障社会安定有序、和谐进步的制度基础，这正是政府公信力建设的根本目标。公正也就是我们通常所说的公平正义，一般来说，公正反映的是人们从道义上、愿望上追求利益关系特别是分配关系合理性的价值理念和价值标准。但凡是涉及利益分配的领域，都面临着如何实现公平正义的问题。在政治伦理的研究范畴中，社会公正体现的是一种政治理念，它的意义在于为全体公民提供一种关于社会分配的共识，维护社会的稳定与和谐。所谓社会公正"是公民衡量一个社会是否合意的标准，换言之，它是一个国家的公民和平相处的政治底线"。实现社会公平与正义，维护统治阶级利益，保持"政治底线"是政府的基本职责。维护社会公正的核心是提供维护公正的制度保障。

政府回应民意、保障公益的最终目的是使社会全体成员能够在社会发展和进步中能够平等地普遍地受惠，这不仅是政府维护公信的价值取向问题，更是关涉政府如何分配社会财富于不同社会群体的实际过程。彰显公平是政府诚信分配社会价值的基本导向，而维护公正则是政府履行分配职责的具体回应，是政府公信力价值的最终归宿。首先，维护公正是政府廉政为民、国家长治久安的基本体现。任何一个政府能否维护公正和坚守自身清正廉洁，能否摒除腐败专权，是关系到政府自身名誉以及国家前途的

## 第五章 新时代中国政府公信力建设之路：机遇与选择

重大问题。公正正是判断一个政府是否诚实守信、言行一致的基本标志。其次，维护公正是政府树立自身权威的重要基础。政府权威是建立在公众认同和信任的基础上的。政府全心全意为人民服务，维护公共利益的过程中，其公正民主的行政理念和行为，保证了公众的权利被政府以公开和民主的方式，转变为社会共同成果而普遍受惠，这必然会增强公众对政府的满意度和认同感，同时有利于政府保障政治合法性，更有利于树立自身的权威和形象。再次，维护公正是公民衡量政府行政效能的重要标尺。公民衡量和评价政府的标准是以行政效能为基本依据的。政府作为公权机构，其行政效能不能仅以具体的经济增长和行政效率来判断，它必须以公民是否满意和社会是否稳定发展为基本标尺。所以，获得公众的满意和普遍认同，维护公正和谐的社会环境和秩序，才是政府公信力的根本目标。

当代政府公信力建设维护公正的价值要求与我国社会主义的本质是一致的。目前，我国尚处于社会主义初级阶段，当代政府公信力建设维护公正的价值要求必须与当前的经济建设和社会发展相适应，与政府职能和改革模式相匹配，在坚持统筹兼顾原则的基础上，实行"各尽所能，各取所需"的分配格局，这是实现当前我国政府维护公正原则的最佳模式。这要求政府首先正确理解公正的内涵。公正作为人类社会的崇高理想和政府公信力价值的根本目标，是社会德行理念与政府诚心实践的结合。就形式而言，公正是程序正义和实质正义的统一。程序正义着眼于形式和手段的公正与正义，实质公正着眼于保证法律尊重和保障人民的道德理想和价值诉求。政府在公信力建设进程中维护公正的价值追求，必须加强政府依法行政的能力，实现程序正义与实质正义的统一。

依法行政是政府在行为上维护社会公正的具体体现，同时也是政府自身秉持公正理念的基本体现。政府依法行政，才能实现依法治国，才能从国家法制的层面维护和实现社会公正。而且"政府不守法律将使政府信用丧失殆尽"，[1] 依法行政同样是政府公信力的重要来源。无论是作为集体的政府部门还是政府官员个人，其公共行政行为都必须符合法定程序，政府的行为也必须接受法律监督，以防止其越权、失职和滥用职权，行政机

---

[1] 林慕华，曹建宇.政府信用与政府能力刍论[J].山东行政学院山东省经济管理干部学院学报，2004(5):9.

关触犯法律，也要追究相关行政人员的责任。具体要求：一是各级地方政府行为的内容必须合法。各级地方政府只能在法律授权范围内运用权力进行政府管理活动，任何作为或不作为的内容都必须依据法律法规进行，任何违反法定权限的政府行为都是无效或可撤销的政府行为。二是政府行为必须依据法定程序进行。行政程序化既增加了政府行为的透明度，又保证了行政过程中政府行为的公正和合法性，是政府行为法治化的核心和关键。行政程序化就是将政府行为过程置于法律的监控之下，不按程序或颠倒法定程序的政府行为都应是无效政府行为。三是政府行为责任必须法律化。一方面，要通过法律明确地方政府的责任主体、责任形式，确保政府做到权责一致，另一方面通过法制对政府行政行为的合法性进行监督，并对不合法行为通过相应的法律规定予以处理和追究。法治是现代政府的基本价值追求和政府行为规范化的基础。

政府行为的法治化是政府行为规范化成果得以持续的保障，也是提升政府公信力的制度基础。依法治国是党领导人民治理国家的基本方式，能否做到依法治国，关键在于各级党组织和党员领导干部做到依法执政，各级政府及其工作人员做到依法行政。实行依法行政，首先要求政府树立"依法治国"的行政理念。摒弃旧有的以言代法、以情代法、以权代法的"人治"思想和有法不依的错误做法，自觉地树立法制观念，运用法律解决问题，化解矛盾，在依法行政、依法办事的过程中切实提高各级机关的信用度和公信力。其次要求政府具有"依法行政"的能力。在行政管理过程中按照法律规定的程序和步骤办事，各级政府机关及其工作人员必须严格办事程序，公开办事事项，通过健全公开听证、公示等制度，保障公民的知情权。各级政府及部门必须带头维护宪法和法律的权威，按照《全面推进依法行政实施纲要》的基本要求，严格依照宪法和法律规定的权限和程序行使权力、履行职责，以法律为主要手段对国家事务和社会公共事务进行管理。

（三）积极回应民意，坚持诚信行政

诚信行政是政府获得公众信任的基础。没有诚实何来尊严，对于政府而言，没有诚信何来信用，也更不可能具有公信力。"言必行，行必果"，为人如此，为官为政更应如此。诚信行政"既是政府在管理社会公共事务

**第五章 新时代中国政府公信力建设之路：机遇与选择**

中的自觉意识和行动，同时也是社会组织和民众对政府信誉的价值判断"。①政府诚信是政府公信力的核心内容，而政府公信力的本质内容就是言、行、果的统一。政府与公众的信任关系是政府诚信行政的基础，因为"政府工作的困难在于，它不仅必须干得好，而且必须让公众相信他干得好。换句话说，能力和表现都是必要的……"②所以，实现政府诚信行政，必须通过积极回应民意，来构建政府与公众的信任关系，政府与公众的信任关系同样是政府公信力产生的基本前提。

回应民意是政府公信力价值定位的核心和灵魂，是彰显政府"以人为本，为民服务"情怀的基本要求。只有通过与公众建立良好的信任关系，政府的公信力才能得到公众的认可和支持。民意就是民众的期望和意愿，民意连着民生，牵涉国计。民心不可欺，民意不可违，自古以来，民意就是推动历史进步的积极因素。民意的合理表达是公共需求的直接体现，民意的有效回应则是政府与公众信任关系的核心议题。当前，中国正处在社会转型期，民众各种利益诉求的表达已成为一种常规性的社会现象，突发性公共事件出现增多，社会矛盾和冲突也随之增多，公民主体利益意识的觉醒使公民与政府的关系变得更直接和敏感，同时互联网时代引发的新型舆论格局又使得民众各种利益诉求的表达空间和渠道发生了很大的变化。在不断变革的时代背景下，以往政府"沉默是金""先斩后奏"的管理思维和方式，已经越来越不合时宜。面对不断变化的社会问题以及日益强烈的民众诉求，政府要想取信于民，首先要直面民意，让公众在第一时间接收和了解真实、客观的信息，保障公众的知情权，这是政府赢得民心、促进民众日常议政有序化的最优选择，也是维护政府公信力的基本前提。其次要尊重民意，敢于和善于阐明政府的立场，尊重民众的"表达权"，通过不断创新征求意见、召开听证会等一系列健全公民诉求表达和倾听民意的机制，架设起政府与公众之间的沟通桥梁，日益展现出政府民主、开放、负责、透明的现代形象，努力形成官意与民意互动的新的执政格局。再次是回应民意，就是时刻以民众的利益和需求为根本出发点，秉持公开透明的原则，用高效合法的行政手段和途径来最大限度地满足和实现民众的合

---

① 梁仲明. 试论"诚信行政"的内涵 [J]. 陕西省行政学院陕西省经济管理干部学院学报, 2014(4):162.
② 赵爱玲. 当代中国政府诚信建设 [M]. 济南：山东人民出版社, 2007:256.

理需求。

政府积极回应民意的过程就是政府"有言必行,言行一致"的过程。第一,提高政府执行力,实行诚信行政要出言必真,有言必践。诚信有着天然的约束力,承诺一旦做出,"就立刻被他的利益所约束了,要实践他的约定,并且如果拒绝履行承诺,将永远丧失信托"。[①] 政府做到出言必行,有言必践,就要求政府必须要坚决杜绝提出一些不切实际的口头承诺,弄虚作假、欺报和瞒报等行为,诚信待民。制定公共政策要符合实际,真实可靠,并且要通过努力实践,克服困难,力求保证政策的连续性和稳定性,即使政策出于客观原因需要变更,也应采取相应的配套措施,减少公众因政策的急剧变动而带来的损失。第二,提高政府的公信力,实行诚信行政要有信必守,言行一致。首先要求政府在实际的行政管理活动中首先要统一思想,内外一致。一个讲诚信的政府在管理国家社会事务和自身行政管理事务时应该是一致的。政府对社会的承诺要适度,不能开空头支票,要切切实实为民众谋利。政府公务人员应增强信用行政、依法行政的自觉性,在行为上不搞对内一套对外又一套,实事求是,做社会信用的表率;其次要言行一致,取信于民。政府要努力通过合理合法的途径和方式努力践行和实现对社会做出的承诺,以树立诚信政府的良好形象,赢得民众的信赖。

(四)推进责任行政,提高问责效用

公众对政府的信任,需要政府的依法行政来保障,同样需要政府行为的责任化来培育。政府在建设公信力的过程中能否获得公众的信任,关键在于政府是否承担和履行了应尽的职责。政府及其公务人员行使公共管理权力的行政管理活动,就意味着政府要对其行为承担责任,如果行政活动可以随心所欲而无须承担责任,必然会损害公众及其他社会组织的合法权益,并将整个社会引向无序状态。因此,责任行政就是政府及其工作人员承担责任的必要的行为过程和行为方式。责任行政要承担的责任具有双重含义:第一,指行政人员在一定的岗位和职务上进行行政管理活动时所应承担的职责和义务;第二,指由于行政人员在没有积极有效地履行职责而受到的必要的追究和惩处。政府权力滥用的行为实际上是政府行为缺乏责任性的一种表现。传统的行政是免责行政,对于因为不法或不当行政行为

---

① 大卫·休谟. 人性论(下)[M]. 上海:商务印书馆,1980:562.

而受到侵害的公民而言，只能通过申诉、上访、上告等单方面的方式请求纠正，无法对行政不作为、乱作为进行责任追究。随着社会转型和民主政治的发展，现代行政逐渐演进为责任行政，即政府机关及其工作人员依法行使行政权力管理公共事务时，相应地必须承担公共责任，只有这样，政府的行政行为才能更趋规范，执政为民、诚信于民，提升政府公信力才不会成为空话。

提升政府公信力，推进责任行政，要求政府及其公务人员对自身的行为不回避，不掩盖，并且要坚决对失范行为的相关责任主体予以追究。第一，权责一致，接受监督。明确政府行政机关及其工作人员的权利、职责和义务，按照权力"取得有据、配置科学、运行公开、行使依法、监督到位"的要求，加强对行政执法过程中自由裁量权的规范和约束，保证行政行为适当规范、职权行使过程有据可查、结果公平公正。同时加强对权力行为的监控和监督。各级政府及公务人员要自觉接受党委、上级领导和社会公众在财权、物权、事权等重要环节的监督；第二，有责必问，失责必究。按照国务院 2015 年的最新要求，各级政府要切实制定市场准入负面清单，公布省级政府权力清单、责任清单，切实做到法无授权不可为、法定职责必须为。同时，政府机关工作人员的行为及其后果违反了行政法或刑法，就必须受到行政处分或刑事制裁，特别是对有失责、失职、渎职行为的主要领导干部要进行问责、引咎辞职、罢免等责任追究。对政府机关及其公务员违法行使职权侵犯公民、法人和其他组织的合法权益造成损害的，要依法予以行政赔偿。

（五）推进信息公开，提高沟通质量

政府公信力建设必须以政府诚实、可信、公开透明为前提。一个透明、公开的政府形象和权力运作方式，对于提升政府权威、增加政府与公众的凝聚力的作用是毋庸置疑的。因此，政府的所作所为就应该"放置于阳光下"让公众知晓，"开诚布公、坦诚相待"，只有这样政府与公众才有沟通的基础和信任的可能，同时也是对公众知情权的尊重和满足。衡量和考察政府信息公开水平既要看政府在行政管理过程中对日常公共事务的信息和结果的常态性发布，更要看政府在公共危机时期的信息发布质量。因为在对公共危机事件的处理过程中，信息不畅往往会导致危机和冲突的加剧，也是影响政府公信力的重要原因。

当前，我国政府对公民知情权、参与权、表达权、监督权的保障还有一定差距，在某些地区、某些时期还存在信息上"饥不择食"的情况，主要是由政府信息发布时间不够及时，信息公开的内容和范围不够全面，信息公开的方式和途径不够有效导致的，即政府信息披露机制不够完善，媒体和公众缺乏公正参与的保障机制。少数政府官员出于既有的惯性思维方式，认为媒体对于负面事件的报道会影响地方或部门形象，从而对媒体报道往往采取封堵的方式。但是值得肯定的是，中央和各级地方政府信息公开的理念正在不断深化，信息公开的方式正在不断完善，尤其是在近年来处理和应对公共危机事件中，中国政府信息公开的发展速度和科学程度正在不断地提高。事实证明，正是由于政府信息公开的及时和透明，才使得灾情得以全面真实地展现在民众面前，减少了信息的不确定性，有效地控制了社会的恐慌，凝聚了全社会的力量，为抗震救灾创造了良好的舆论环境。政府信息公开是保证政府与公众沟通质量的重要途径，也是建设政府公信力的必然要求。政府行政管理过程中的信息管理，必须按照《中华人民共和国政府信息公开条例》，主动公开的政府信息，要通过政府公报、政府网站、新闻发布会以及报刊、广播、电视等便于公众知晓的方式公开。

第一，政府信息公开要借助电子政务的发展，拓宽信息沟通平台。长期以来，我国政府主要依赖新闻、报纸、广播、电视等手段向公众发布政务信息，公众与政府的信息沟通往往靠自下而上的组织化承接，信息沟通不及时，沟通渠道不畅通。电子政务作为政府信息化的重要组成部分，是电子信息技术与政府管理的有机结合。电子政务的产生和发展，为政府实行信息公开提供了重要的技术保障，是政府与公众信息沟通更广阔的沟通平台。所谓电子政务是"运用计算机、网络和通信等现代信息技术手段，实现政府组织结构和工作流程的优化重组，打破时间、空间和部门分隔的限制，建成一个精简、高效、廉洁、公平的政府运作模式，以便于政府全方位地向社会提供优质、规范、透明、符合国际水准的管理与服务"。[①]电子政务包含多方面的内容，如公民网上查询政府信息、电子化民意调查

---

① 中国行政管理学会政府信息化建设课题组. 中国电子政务发展研究报告[J]. 中国行政管理，2012(3):4.

## 第五章 新时代中国政府公信力建设之路：机遇与选择

和社会经济统计等。① 在推进政府信息公开的进程中，政府同时承担着大量的公众事务的管理和服务职能，实行电子政务可以提高政府工作效率和政务透明度，建立政府与人民群众直接沟通的渠道，为社会提供更广泛、更便捷的信息与服务。随着互联网的发展和普及，为适应未来信息网络化社会对政府的需要，政府可以通过互联网这种快捷、廉价的通信手段，构建政府网站，让公众迅速了解政府机构的组成、职能和办事章程，及时发布各项政策法规，增加政府行政和执法的透明度，并自觉接受公众的监督。同时，政府也可以通过设置电子意见信箱和官员与公众信息互动平台，在网上与公众进行信息交流，听取公众的意见和要求，在网上建立起政府与公众之间相互交流的桥梁，为公众与政府部门"打交道"提供方便，并在网上行使对政府的民主监督权利。

第二，政府信息公开要发挥主流媒体作用，提高信息沟通质量。沟通媒介是连接政府信用自身能力建设和公众的信用评价的必要桥梁。具有强大公信力的政府，必须具备善于利用和发挥善于引导主流媒体发挥建设性影响的能力。"主流舆论形成的根本要求在于政府与公众之间的良性互动，但政府并非专业的信息采集、加工与传播机构，无法像大众传播媒介一样高效地对社会公众进行持续传播。社会公众的意见及观点在通过媒介呈现出来之前，也只能是以小规模、分散化的形态停留在民间社会，难以被政府大规模、系统化地接收，所以政府与公众之间的良性舆论互动通常都要借助于媒介来完成。"② 维持政府公信力的关键取决于公众的观念，无论这种公众的观念是正确的或是错误的，政府的信息是真实的还是虚假的，媒介都有着不可替代的沟通作用，并且随着信息革命的出现而日益增强，媒介将日益成为影响政府与公众信任关系的重要因素。目前，中央和各地方在建设和维系自身公信力的过程中，将更多的资源和行政时间用于对主流媒体的沟通和联系上，借助媒介搭建起与公众的信息沟通平台。在公共危机管理中，政府借助新闻媒体的力量，让老百姓及时得到充分、客观的新闻报道，最大限度地赢得了公众的认可和信任，提高了政府尤其是中央

---

① 电子政务不仅包括政府间电子政务（G2G），同时也包括政府与商业机构间电子政务（B2G）和政府与公民间电子政务（C2G），本文所指的电子政务是为了突出其第三范畴的作用和价值。
② 洪黎柴，春英．舆论形成中的媒体、公众和政府互动关系研究[J]．新闻界，2019(2):67.

政府的公信力水平。"从新闻传播学的角度来看，任何一条信息都会有一个完整的信息链，当主流媒体所发布的信息缺失了信息链中某些环节时，就会由其他媒体代为补充。"①这也充分说明了为什么以往政府在处理一些突发事件时，政府部门做出的努力，因为不能够做到及时公开发布有关信息，却总是因为新闻的失真而无法相应地得到公众的理解和认同。当政府失去舆论的"主要阵地"时，各种报道会导致公众获得的信息零散和片面甚至是敌对的，这无疑会使党和政府的公信力大打折扣。

充分发挥主流媒体作用，建议政府部门在各项工作中，首先改变对媒体管理的传统观念，将管理变合作，将传达变沟通，将限制变调动，为媒体的发展营造宽松、开放的环境，更好地发挥媒体的正向效应，让媒体心甘情愿地宣传各项政策。其次是建立健全政府宣传策划机构，强化信息的策划运作。从我国的实际新闻机构看，目前主要是新闻管理机构，而不是新闻策划机构。对此，我们要借鉴先进国家新闻管理的经验，把新闻管理的重心放在新闻策划上，②另一方面，还要大胆地将有新闻管理和新闻策划才能的优秀人才引进到党和政府各个层次的新闻管理和策划队伍当中。最后要利用媒体广泛和深入了解民众需求，特别是对政府难以影响到的地方可以积极利用传媒来传播政府的政务信息和公共信息，同时借助媒体的舆情分析能力，更深入和便捷地了解民众需求。

（六）注重危机防范，加强危机管理

公共危机是制约政府公信力提升的重要因素。事实证明，转型期我国已经进入公共危机的高发期。③这意味着政府公共危机管理将成为政府公共管理的重要领域，政府公共危机管理水平将直接挑战和考量政府执政能力和公信力。政府危机管理是政府面对突发性危机事件，对突发性危机事件预防、处理和善后等一系列的管理活动，政府危机管理的目的是通过政

---

① 李良栋,张伟.以政府创新促进政府公信力的提高[J].党政干部论坛,2018(7):31.
② 美国政府根据托马斯帕特森的理论将新闻分为公共政策和其他有用的公共信息的"硬新闻"和诉诸情感的、短暂的"软新闻"，并通过"软硬兼施"的手段，将公众更好地融入政府倡导的主流舆论中。
③ 在我国转型时期，我国政府所面临的危机表现形态有以下几个方面：一是自然灾难型，如环境污染、自然灾害、突发性重大公共卫生和公共交通事件等；二是利益失衡型，如罢工、集体上访、静坐、示威流行、集会等；三是权力异化型，主要是由于政府权能体系中的失效（如腐败、司法权的不完善）而引起的集体上访、暴力抗争等；四是意识冲突型，主要是由于宗教、民族等问题引起的大规模群体冲突、妨碍公务、刑事案件等；五是国际关系型，如国家间的紧张局势、经济制裁甚至局部战争等。参见薛澜,张强,钟开斌.危机管理.转型期中国面临的挑战[M].北京：清华大学出版社,2003:74-76.

## 第五章 新时代中国政府公信力建设之路：机遇与选择

府对危机发生的预见、反应与控制以及救治，及时、有效地处理危机，及时有效地恢复社会正常秩序。危机管理是政府的一项重要职能，政府作为国家事务的管理者，必须承担预防和处理公共危机事件的职责，同时也只有政府才有具备危机管理的合法性与能力。从另一个角度而言，所有的危机同样都意味着转机，所以，对政府尤其是一个成熟的政府而言，应对公共危机也是政府提高自身影响力和公信力水平的重要契机。

转型期，政府在危机管理过程中要具备的主要能力包括：第一，公共危机预警和防范能力。公共危机的预警防范能力是指政府具有较强的公共危机意识，及时地识别危机、制定危机预案和高效处理危机的决策能力。要求政府能够及时地收集和处理各种危机信息和信号，对处于潜伏阶段的公共危机进行警示、预防，并有效地避免公共危机或减少危机发生后造成的危害。第二，公共危机决策能力。公共危机决策能力是政府公共危机管理的核心。公共危机的决策能力主要包括对危机性质和程度的判别能力、危机应变的能力、危机决断能力等方面。要求政府能够在时间、技术、资源、人力、信息等都非常有限的危机状态下，通过对危机局势的科学分析和预判，迅速制定应对方案并付诸实施。第三，危机信息沟通能力。危机信息沟通能力是指在危机状态中，政府获取信息、判断信息、处理信息、公开信息和沟通信息的能力。要求参与危机管理的政府部门尤其是领导干部在危机管理的过程中有效地联系社会组织以及民众，在较短的时间透明、公开、准确、及时地完成信息的传递和处理。第四，公共危机动员能力。公共危机动员能力主要是指政府的社会资源整合能力，即政府借助公共危机处理的权力协同政府各级职能部门，协同社会组织、群众和国际力量，有效调动和整合财力、物力等资源的能力。值得强调的是，政府在危机状态下的管理能力与权威性、主导性，以及对社会整体资源的调配能力，是法律规范与授权的结果，政府对社会资源的整合必须有相关的法律制度作为依据。

转型期加强公共危机管理关键是要把握公共危机的发生规律，注重危机防范。"把握突发事件的规律就是把它的生命周期很好地利用。"[1] 首先，危机萌芽阶段。当公共危机尚处于隐性的潜伏期时，政府应该在危

---

[1] 张娟. 我国政府危机管理能力的现状和完善的建议 [J]. 法制与社会，2019(8)：246.

事件的前兆中具有敏感性，及时察觉危机及其发展趋势，并及时有效地把其消灭于萌芽状态。这就要求政府制定完备的预警机制，利用科技、信息系统预测危机萌发，并适当地延长防范时间，对重大活动、重要时期以及重大社会矛盾开展排查和调处活动。其次，危机爆发阶段。危机事件的爆发期较短，演变迅速，事态急剧严峻、恶劣，对社会的冲击危害最大。政府在根据突发事件的现实情况作出应对决策的同时，还要了解因突发事件而造成的损失以及原因，及时消除民众的心理恐慌，稳定民心。再次，危机善后阶段。处于善后时期的突发事件需要政府发动全社会的资源和力量，同时通过对民众进行及时的抚恤和救治，重新赢得民心，恢复声誉。最后，危机消解阶段。此阶段政府要评估损失，组织恢复生产，总结经验教训，宣传各种预防突发事件的常识、完善相关预警机制和部门之间应急联动系统。

其次，突出防范群体性事件，解决社会冲突事件。针对我国目前处于社会转型期的特点，必须依法处理好人民内部矛盾和群体性事件，这是影响到政府与公众信任关系，保证和提高政府公信力的关键环节。当社会矛盾还处于萌芽状态而未形成群体性事件时，要为民意在制度上建立一个上情下达、下情上达的通道，给社会成员提供提出问题、发表意见、发泄不满的途径，给群众表达不同意见的机会。例如采用领导接待来访，与群众对话，民主议政，民主评议党员、干部等形式，让群众能畅所欲言，使不满情绪逐步缓解，不至于因不断积聚而产生激烈冲突。

最后，动员社会力量参与危机管理，实现协同治理。公共危机不仅是对政府能力的挑战，更是对社会组织和公众的整体承受能力的考验。对公共危机事件的处理，单纯依靠政府的力量是难以完全应对和完全消解的。政府必须积极动员社会力量参与到危机管理中，让政府、社会组织、公众等社会多元要素都成为危机管理的参与者。政府要通过拓宽危机管理的社会参与渠道，充分调动各种社会资源参与危机管理和救治，构建管理主体多元化的危机治理模式和应对网络。这样将有助于降低政府应对和处理危机的行政成本，降低公共危机对国家和社会造成的重大损失，缓解在公众中产生的消极影响，最终达到稳定社会、恢复秩序、维护政府权威的目的。随着全球化进程的不断深化，世界各国的政府危机管理面临着更加复杂的

国际环境。很多公共危机具有典型的超国家性质,尤其是经济和社会危机,通常会造成区域性危机甚至是演变为地区危机和全球危机。因此,加强危机管理的国际合作显得尤为重要。政府间可以通过构建危机管理的国际合作互助机制,实现信息、技术和资源共享,最大化地减少危机给政府和社会带来的负面影响。

## 第三节 积极探索政府公信力建设的网络平台

进入互联网时代,移动终端已经成为群众获取信息的主渠道。以互联网为代表的新媒体迅速发展,使执政党的执政环境发生了深刻变化,对政府的公信力和执行力也提出了更高的要求。网络问政一方面作为加快转变政府职能、建设服务型政府的重要手段,是引导网上舆论、构建清朗网络空间的重要阵地;另一方面为政府与公众互动,提高政府公信力建设提供了新的平台,是探索社会治理新模式、提高社会治理能力的重要途径。可以说,网络问政作为移动互联网时代党和政府联系群众、服务群众、凝聚群众的重要渠道在中国已渐成趋势,并在我国民主政治生活中发挥着越来越重要的作用。

### 一、网络问政之于政府公信力的价值分析

网络问政是指在网络时代,人民以网络为载体和途径,行使知情权、参与权、表达权、监督权等政治权利,与党政部门进行建言献策、表达诉求、批评监督等互动,从而影响公共决策、维护公民权益的一种政治参与活动。网络问政是网络时代的政治参与行为,作为现代科技与民主政治的有机结合,网络问政有条件成为公民参政的有效渠道和政府执政的重要方式。更为具体地理解网络问政的丰富内涵,我们可以做这样的解析:

首先,"问"是网络问政的核心。"问"有以下意思:有不知道或不明白的事情或道理请人解答;为表示关切而询问,慰问;审讯,追究;管,干预;向(某方面或某人要东西)。网络问政不仅仅是问而已,而是通过"问"

字体现了中国政治文明的真精神,这是互动的问,这是双向的问。这种"问"体现公民对党政部门的批评监督。但是真正实现表达权离不开相应保障。因此,为了确保"问政"效果,还需要信息的知情权、决策的参与权以及过程的监督权。

其次,"问"隐含了"答",答是"问"的回应。网络问政是一种政治行为,与聊天、看论坛、写博客等普通上网活动有较大区别。公民对党政部门的"答"意味着政治参与,党政部门的"答"则体现了回应,从而形成基于网络平台的"政府—公众"双向互动模式。做到有"问"必"答",构建有效的网络民意回应机制,规范分类受理、及时回复、跟踪反馈等流程,才能为网络问政注入持续动力。

再次,"问"隐含了"办","办"是"答"的落实。一个完整的政治系统包括了"输入—处理—反馈—再输入"的循环递进流程。公民不仅仅满足于"被听",还希望其建议被跟进、被采纳、被处理、被落实。"问"是方式手段,"政"是重要内容,而"办"是最终目的。"上网访民意,下网解民忧"正是网络问政的意义所在。

复次,"问"隐含了"督","督"是"办"的保障。强有力的问责制度是执行效果的重要保证。以内部监督结合公众监督、舆论监督,建立健全绩效考核机制,才能实现网络问政的常态化、制度化,避免"轰轰烈烈问政,潦潦草草收场"。

最后,"政"是网络问政的对象。"政"有如下意思:政治;国家某一部门主管的业务;家庭或团体的事务。网络问政的"政"并非意识形态层面的"政治"。它包含两层涵义:一是党政部门及其工作人员;二是政务,即涉及公共服务、公共权力、公共资源等方面的事务。

总之,网络问政是由人民、网络、政府以及政务等多种要素组成的有机整体。其中,网络是载体,问是核心,政是内容,人民是主体,政府是对象。

## 二、政府在网络问政中的角色定位

### (一)善待媒体,做网络媒体的护航者

在网络普及的今天,政府对媒体传统的管理理念受到严重的冲击,政

府既是媒体的管理者,也是媒体的监督对象。网络问政是政府执政方式的一种创新,政府在网络问政中要找准自身定位,新公共管理理论强调,"政府的职能是掌舵,而非划桨"。在我国,媒体是社会的公器,它不仅是党和政府的喉舌,也是广大民众的喉舌。可以说,尊重媒体是对人民负责的具体体现,善待媒体是对人民服务的本质要求。政府要充分认识媒体的作用,明确与媒体的关系,善待媒体,不仅做好媒体的管理者,还要做媒体的护航者,为媒体的健康发展营造一个良好的社会环境,让媒体真正成为政府与广大民众的坚实桥梁和纽带。2018年12月,国务院办公厅首次出台了《关于推进政务新媒体健康有序发展的意见》,政务新媒体有针对性地指出一些地方政府网站存在内容更新不及时、信息发布不准确、意见建议不回应等问题,严重影响政府公信力,并对进一步做好政府网站信息内容建设工作提出了总体要求。2019年4月26日,《国务院关于在线政务服务的若干规定》发布实施,正式开启了国务院办公厅负责牵头推进国家政务服务平台的制度化建设,为推进各地区、各部门政务服务平台规范化、标准化、集约化建设和互联互通,促进政务服务跨地区、跨部门、跨层级数据共享和业务协同,提供了一体化在线平台,从上至下地推进了政务服务线上线下深度融合。

（二）虚怀纳谏,做网络民意的倾听者

当前,大多数网民已经把移动端的微信、微博及新闻客户端作为获取信息的"第一入口"。据《第47次中国互联网络发展状况统计报告》,截至2020年12月,我国网民规模达9.89亿,较2020年3月增长8 540万,互联网普及率达70.4%。手机网民规模达9.86亿,较2020年3月增长8 885万,网民使用手机上网的比例达99.7%,较2020年3月提升0.4个百分点。可见,新兴网络群体也代表了部分民意,政府应给予高度重视。网络时代为广大民众提供了参政议政的便捷渠道,网络平台成为民意的集散地和舆论的主战场,网络民意不容忽视。当前,网络民意举足轻重,主要表现在两个方面:一是影响政府行为,直接促发网络问政;二是监督社会热点事件,考验政府网络治理能力。民意是治国之本,民主的政府一定是一个包容的政府,政府倾听民意,保持沟通顺畅很重要,这要求政府工作人员尤其是领导干部善于倾听、接纳网络民意。习近平总书记在"4·19讲话"中强调，"网民来自老百姓，老百姓上了网，民意也就上了网。群众在哪儿，我们的领导干部就要到哪儿去。"①互联网开辟的新的舆论场给主流舆论带了新挑战，但也为政府与民众提供了更加广阔的交流平台。为此，网络问政平台不仅要成为正能量的"聚集器"，还要成为党和政府与网民、百姓之间凝心聚力的"加速器"；在突发公共事件的舆情演化中，网络问政还要发挥政府公信力的强大优势，因势利导主动作为，努力成为网络民情、民意和民心的"压舱石"和"稳定器"。

（三）掌握主动权，做网络舆情的引导者

当今世界是一个"人人都有麦克风"的时代，互联网所提供的互动交流平台，把"麦克风"递到了每个网民手中，民众的意见有了公开发布的渠道。广大民众可以借助网络这个平台畅所欲言，发表个人意见，他们既是信息的发起者，也是信息的传递者。网络舆情被称为永不停息的"社会雷达"或第四影响力，它具有极强的延展力和渗透力。在网络舆情的产生到传播过程中，因网络舆情具有扩散快、影响范围广等特点，有些信息是现实民意的真实表达，有些信息是"网络伪舆情"。"对待媒体的态度，也就是对待公众的态度，这是执政水平和执政理念的一个具体体现和检验"。②2016年4月19日，习近平同志主持召开网络安全和信息化工作座谈会并发表重要讲话时特别指出："网络空间是亿万民众共同的精神家园。网络空间天朗气清、生态良好，符合人民利益。网络空间乌烟瘴气、生态恶化，不符合人民利益。"因此，如果政府不及时发现和正确引导舆情信息，就有可能导致严重后果，最终影响政府的公信力和执行力。政府公信力就是生命力，政府必须高度重视网络舆情，增强对网络舆情的甄别能力和掌控、引导能力，抢占舆情引导的主动权，做到"止之于始萌，绝之于未形"。事实证明，党政机关已经逐渐成为网络生态建设的重要主体。据统计，人民网"地方领导留言板"新开通网民留言办理工作的市县逐年增多，2021年上半年领导干部答复留言32.3万件，与2020年上半年同比增长21%。全国31个省区市开通网民留言办理工作，累计有59位省委书记和省长、

---

① 2016年4月19日，习近平总书记主持召开网络安全和信息化工作座谈会并发表重要讲话。
② 舆情非敌情 "媒介素养" 显执政水平［N］.人民日报，2011-6-17(07).

2400多位市县一把手对网民留言做出公开回复。① 党和政府借助主流媒体以导向引领、渠道拓展、流程再造、组织优化、体制机制改革为着力点,大力加强内容建设、推动媒体深度融合,传播力、引导力、影响力公信力显著增强,网上"风向标"作用逐步彰显。

（四）公开透明,做网络反腐的问责者

网络反腐指的是网络社交媒体资源使用者通过信息传播方式,有效发挥舆论监督功能,对社会腐败现象进行揭发、评价、质疑和通报,以此来遏制腐败,维护社会公平、正义。党的十八大以来,我国反腐的力度加速了网络反腐的兴起,网络反腐已然成为我国反腐机制中不可或缺的重要组成部分。但目前来看,我国正处于社会矛盾的凸显期,公共权力运用不当则会引起民愤和不满,甚至爆发重大群体性事件,这需要政府及时出面应对各种危机事件。众所周知,权力是一种无形的腐蚀剂,而信息不公开则是滋生腐败的温床,这是因为"一是信息保密可使政府免因犯下的错误或过失而被提起诉讼;二是保密给予特殊利益集团更多影响力和控制力的机会"。② 网络反腐主要依靠网络揭发、网络曝光等手段来引发政府和社会舆论的关注,但对于腐败行为的查处,最终还要依靠政府相关部门的介入,因此必须要打通官民互动渠道。因此,政府首先需要做的是将信息公开化、透明化,还广大公民一个真相。其次,政府要高度重视网络反腐,做网络反腐的问责者,对广大网民举报、检举、质疑的公务人员及时做出回应,若确实存在违法违纪事实,要及时问责,严加处置,绝不姑息。最后,要对政府与官员在网络反腐中行使的权力进行法律上的明确规范,避免网络反腐声音遭到恶意打压,从而让网络反腐真正成为民众监督与约束公权力的有效方式之一。

## 三、规范网络问政提升政府公信力的现实路径

当今时代,随着互联网的广泛连接和强劲渗透,网络已经突破了最初的工具属性和技术属性,为了逐步适应网络综合治理的需要,互联网+政府服务的网络问政平台已经代替了传统治理模式和手段。网络综合治理已

---

① 王一彪. 新时代呼唤构建良好网络舆论［N］. 人民日报,2018-4-19(07).
② 邹庆国. 应对"网络问政"党政干部读本［M］. 北京:人民出版社,2010:67.

成为国家和社会治理面临的一个重大课题，更为新时代政府公信力的提升提出了更大的挑战和更高的要求。因此，面对出现的各种问题，我们必须拿出先破后立的决心与勇气，智慧运用网络，把网络优化为推动民主政治建设的有效"生产力"，推动互联网这个最大变量变成事业发展的最大增量，紧密联系我国经济社会发展实际，从而有效推进网络问政健康有序地发展，以创新理念引领网络问政平台的规范化和科学化，从而保持政府公信力的高位运行和持续提升。

（一）加强政府网络问政回应能力，保持政府公信力的力度

网络问政的成效是衡量新时期政府执政能力和服务水平的重要指标。随着互联网的普及和网络问政的兴起，传统的行政管理方式已经无法适应信息化社会建设的需要。面对互联网时代的崭新背景，强化网络问政的回应能力是提升政府公信力效度的首要任务。

首先，提升网络舆情分析的能力，做到研判结合。当前，各级政府部门及其工作人员迫切需要转变思维方式和执政理念，主动介入网络空间，理性对待网络民意，提升网络问政认知水平。因此，应采取多种措施加大宣传引导，树立执政为民的问政理念；加强教育培训，提高问政"把关人"素质。

1. 加强学习，提高素养。网络时代的到来掀起了"网络问政"的浪潮，政府如何有效应对网络舆情成为政府治理中的一大课题。网络已然成为公众利益诉求的新平台，从某种意义上说，网络更是政府智慧的试金石，提升网络舆情分析能力成为政府驾驭网络的必备能力。"领导干部熟练掌握现代传媒手段，大幅度地提升自身的能力与素养，是关系巩固党的执政地位的重大命题。"[①] 政府人员必须加强对网络知识的学习，要做到懂网、爱网、用网，最终实现与"网"俱进。

2. 掌握语言艺术，规范行为。网络是一个去中心化的传播系统，它具有即时性、迅速性以及匿名性等特点，网民可以通过网络平台畅所欲言，网络平台逐渐成为网络舆情的集散地和舆论交锋的主战场。政府如果不能有效掌握网络舆情动态，就会使非理性的极端走向"网络扰政"，甚至有引发"网络暴政"的可能。因此，政府应完善舆论回应机制，培育网络信

---

① 王宇明，葛少虎．网络问政视域下政府执政能力提升的路径[J]．中共云南省委党校学报，2013(9):167.

息收集人员，实施舆论动态监控；实行政务公开，及时收集和发布相关信息；对复杂的网络海量信息进行筛选和甄别；对网络舆情进行主题跟踪，实施舆情监测。网络问政语言环境的复杂性在一定程度上对政府官员掌握和运用网络问政语言艺术的能力提出了更高的要求。为此，政府领导干部要借助网络问政使官民互动达到理想效果就必须使自己完全融入网络空间，实现从领导到普通公众的角色转换。同时，政府官员在网络问政的应对过程中，还要力求语言的通俗化、适当地幽默化和形象化，逐渐打破政府官员在人们眼中的墨守成规、严肃刻板的教条形象，让广大人民群众能够在网络问政互动中重新认识和定位政府官员形象。

3. 加强研判，辨别虚实。网络舆情与现实民意之间存在差距，这主要是由于：一是网络民意的代表性有限。虽然网络民意表达最大限度地包容了不同的行为者，但由于网民自身一些因素的影响，网络民意表达的主体还不够广泛，不能涵盖社会的各个阶层，内在动力不足。二是网络民意理性的有限性。由于网络的低门槛性使得网民可以随意表达自己的观点，这就导致了网络民意基本上处于一种未经过加工整理的"原生态"民意，这种民意所表达的观点是支离破碎的，缺乏理性的整理加工。网络的虚拟特性，加剧了"对话"非理性的倾向，有时会形成无序的"广场政治状态"，这也常常暗含着理性的丧失以及个体被淹没的宿命倾向。[1] 政府工作人员应提高筛选和甄别网络信息的能力，提高网络问政平台建设的能力，提高网络问政留言办理的能力，提高主动引导网络舆情的水平。因此，政府要加强研判，分清网络舆情与现实民意的差距，做到以网络舆情为参考，以真实民意为基础，服务为民，提高执政能力。

其次，提升与媒体交涉的能力，做到善对媒体。网络问政作为一个双向的互动过程，需要媒介作为桥梁连接政府与公众，使其参与信息的共享、意见传递、政策的回应和效度的检验等一系列过程。完成这一过程的任一环节都离不开媒介的作用。因此，政府要正视媒介的价值，善对媒体。

1. 转换角色，以诚相待。媒体历来是党和政府重要的执政工具、执政资源、执政手段，能否善用媒体、善待媒体，关乎党和政府的形象。一个有智慧的政府，必然是一个善用媒体的政府，必然善用媒体实现政府意图。

---

[1] 赵银红. 论公民表达权行使的新途径：网络民意表达 [J]. 天津商业大学学报，2011(2):60.

我国的政治制度决定了政府和媒体是亲密的"伙伴",因此,媒体的公信力不强,实际上损害的是政府的公信力。在当前日益多元化的舆论格局中,如何面对媒体用好舆论工具,是衡量执政水平的一个重要指标。所以,特别是在网络环境下,自媒体逐渐发展成熟,人人皆是记者,人人皆是媒体,政府应该认清现实,所面对的媒体就是人民大众,也即服务对象,在"互联网+政务服务"的具体实施过程中,以真诚态度对待媒体,以善待媒体维护人民群众利益,人民群众才会拥护,才能最终推动社会发展进步。

2. 理性守规,克制偏见。在我国,媒体是党和人民的喉舌。党管媒体,是中国共产党在长期实践中形成的根本原则,也是中国特色社会主义制度的重要体现,它关系到党的执政地位,关系社会主义事业的兴衰成败,在任何时候都不能动摇。在网络环境下,针对网络生态的特殊性,在坚持基本原则的基础上,党和政府应该转换方式进行引导管理,特别是在一些突发群体性事件的报道上,政府要合理使用行政手段,控制自己,克服偏见,遵循新闻规律进行新闻报道。

3. 把握态势,回应整改。由于网络传播的无限性和网络舆情的易变性和非稳定性,往往容易使个人的偏激言论扩散为非理性的社会情绪,直接影响社会稳定,损害党和政府形象,甚至危害国家安全。因此,长期维护政府公信力的高效度,就是要以保证社会安全稳定大局为基础,做到及时把握态势,随机应变。在日常的网络问政过程中,借助网络问政平台建立起政府与民众沟通的桥梁,主流媒体接受网民评论,回应网民热切关心的问题,这样民众的意见能得到充分表达并得到回应,政府能够走进民众当中解释政策,澄清谣言,听取意见,在沟通中建立相互信任的关系,形成良性互动机制。

再次,提升应对突发事件的能力,做到公开透明。

1. 明确责任,责无旁贷。媒体作为社会的预警器,其对热点事件、敏感问题的反映和关注,特别是一些负面新闻的报道,可能会使一些地方政府增加治理难度,但是,这些负面新闻报道对于全面准确地体察民情,发现社会问题却具有重要的意义。政府在面对这些负面新闻时,要转变"封、捂、堵、压、瞒"的传统做法,关键要做的就是确认问题,明确责任,只

有这样，政府才能及时地解决社会问题，服务社会。

2. 公布真相，坦诚面对。在应对负面新闻报道时，政府还应加大信息透明度，进行信息公开，做到"抢先说、不断说、统一口径说"，既要避免使群众不明真相，又要防止谣言滋生。在此过程中，政府应该始终以事实为依据，遵循新闻发展规律，公布事实真相，做到坦诚相对。

3. 大道至简，释疑解惑。网络问政的初衷是为民众提供一个民意表达的便捷渠道，政府更容易听到民众的声音，在证实民众反映情况属实后，需要立即通过新媒体做出真实和直接的回应。因此，政府所发布的内容不能为吸引民众关注而胡编乱造，也不能在不了解事实情况下就给出结论，更不能做"标题党"运用骇人的标题吸引关注度。尤其是对于一些谣言和失真信息等更要及时澄清，给民众一个合理的解释，避免拖得时间过长导致民众的进一步不信任。同时，在发布信息的语言上要尽可能地以平实、简单的话语为群众释疑解惑，避免官话、套话。

（二）提高公众网络问政参与水平，厘定政府公信力的限度

广大人民群众是网络问政的主体，为了保证网络问政的规范有序开展，就要不断加强网民自律，提高公众网络问政参与的积极性和实际能力，营造一个和谐健康的网络生态环境。

1. 扩大公众参与网络问政的范围。由于文化水平、生活条件、教育环境和政治传统等社会因素的限制，当前参与网络问政的网民范围较小、数量有限，与预期的建设目标相比仍有较大差距。因此，政府部门应当采取一系列有效措施，不断增强网民参与网络问政的兴趣和信心，扩大参与网络问政的公众范围。政府还应加强对社会公众网络政治参与意识的培育，加大对互联网基础设施建设的投入，扩大社会信息化地域范围和受众群体，让更多普通公民都能够平等地享受互联网信息资源。

2. 提高公众参与网络问政的能力。不断提高广大公众参与网络问政的能力，进一步促进网民问政行为的理性化和规范化，是网络问政建设工作的当务之急。首先，各级政府应加强对网民问政行为的正面引导，积极培育网民自身的主人翁意识，不断促进网民问政的理性化发展。其次，通过不断提高广大公众的网络问政理论水平、实践技能、网络道德自律意识和

法律知识水平，规范网络问政参与者的行为，这样才能从根本上提升网络问政的实际效果。最后，要提高网络信息的真实度，不断推进网络问政实名制进程。

3.发挥民间组织作用，壮大网络问政力量。作为政府和公众的中间人，民间组织既为政府做宣传，也为公众上报民意，其承上启下的作用促进了政府和公众的沟通互动，为网络问政做出了巨大贡献。要发挥民间组织中精英的作用，通过成立网络问政民间推进小组的形式，将网络领袖人物、专家学者、自由职业者等对网络问政比较关心的社会人士汇聚起来，推动网络问政的发展。组建网民研究小组，将网民中对某个相同领域关心的人集中起来，进一步提升网民对所关心的公共议题的认识，共同攻关，集中研究涉及发展的公共议题。

（三）完善网络问政平台建设工作，拓宽政府公信力的广度

为了使网络问政建设取得实效，不断朝着制度化、常态化和规范化方向发展，必须建立起一个完善的、上行下效的网络问政工作平台，让每一个网络问政参与者都能问得其所、问有所得。为此，必须加强网络问政平台建设。

首先，推行网络问政的实名制度。对于问政者，网络问政系统要采取技术手段甄别账号信息，使大家都能对自身言论负责。对于注册成功的用户严格管理，问政者所使用的账号要具有唯一性，如要进行信息更改必须经后台重新审核。同时，网络管理方应对其身份和问政相关信息进行保护，达到问政信息的客观真实和网民信息安全的双重目的。在网络问政平台上，网民用户名及部门用户名下都被赋予一个初始分值，通过网络问政积分制对双方的网络问政情况进行科学评分，并将得分高低作为绩效考核的依据。在网络问政过程中会遇到"咨询类""建议类"及"投诉类"三类问政类型，业务咨询类的内容通常不予评分，建议类的被相关部门采纳或被有关领导批示的要加分，投诉类的经核实为真也应加分。对于部分不实言论以及恶意投诉等要给予扣分，并对其用户名进行冻结，严重者追究其法律责任。再次，增设微博等网络终端问政功能。在网络问政过程中，众多网民选用微博参与政治，了解政府信息，评论政府作为。政府应做到与时俱

第五章 新时代中国政府公信力建设之路：机遇与选择

进，加大对微博终端技术的开发，使电脑用户和手机用户都能轻松通过登录自己的微博账号浏览政务信息，发表相关评论，形成网络问政人人参与、登陆问政平台每天必做的良好局面。这就要求均衡推进网络问政平台建设，加速政府门户网站的崛起，加强基层政府网络问政平台建设，消除网络问政中的信息鸿沟。

其次，要不断完善网络问政技术平台建设，消除网络信息安全隐患，搭建网络问政统一联动平台。良好的网络秩序是网络问政健康发展的基础，我国已先后制定颁布了一系列保护网络安全和预防网络犯罪的法律法规，但由于互联网发展迅速，现行的一些法律法规还远远不能满足网络发展过程中出现的新情况和新问题。因此，提高网络问政的实际效能，需要有关部门根据网络发展的现实需要及时制定出一些新的法律法规，不断建立健全互联网管理机制的法律规范，从而依法打击非法网络政治行为。畅通网络问政渠道，坚持"良性互动"。各级党委和政府要从体制机制、人员、资金等方面，加强电子政务建设，促进政务信息的公开，便利政务信息的获取，从而有效抑制虚假政治信息的传播，为建立政府与公众制度化的互动机制提供良好前提。建立健全网络问政的沟通、交流、回馈以及监督检查制度，畅通网络问政渠道，给网络问政健康发展提供制度保障，切实做到"网上问政""网下问人"，真正形成一个应岗而制、特岗特制的网络问政长效机制，从而让网络优势切实转化为执政的生产力。政府可利用"网上信访"通道，对"网络诉求"作出及时回应并进行办理，让更多的群众选择"上网"而不是"上访"，从而实现群众"问事于政府"与政府"问计于人民"的有机统一，形成政府和百姓之间的良性互动。提高各级领导干部网络执政水平，做到"科学执政"。各级党委政府应深刻认识到互联网给党的执政水平带来的影响和挑战，各级领导干部要懂网、上网、用网，积极探索利用互联网提高党的执政能力的方式方法。可以说，网络问政贵在行动，既要"上得去"了解情况，也要"下得来"解决问题。中央及各省市党校可开设党政干部如何科学应对互联网的课程，进一步加强党政干部运用网络能力的培训，提高党员干部与网络打交道的能力。在网络公共突发事件面前，各级党政干部要主动发布信息，公布真实情况，不能不应对、假应对。要善于引导网上舆论,掌握话语权,摆脱"网络舆论依赖症"。预防"网络推手"等少数别有用心者造谣生事,炒作舆论热点,干扰政府决策,破坏政府形象。

再次,推进网络道德建设,强化"以德治网"。网民的道德修养和文明素质直接关系到互联网的洁净程度。广大网民既是网络问政的受益者,也是网络问政的建设者与维护者,是权利与义务的统一体。因此,实现"以德治网"第一,要通过网络道德教育,努力提高网民的"网德",让网民形成良好的道德习惯和道德观念以及文明健康的网络行为。第二,网络经营者要加强自律,采取先进技术手段将不健康内容拒之门外,从而形成文明上网、文明建网的氛围。第三,政府部门要加强网络主阵地建设,以生动活泼的形式弘扬主旋律。要支持和鼓励广大理论工作者通过开设道德讲坛、博客等方式积极传播先进思想文化,营造良好的网络文明氛围。第四,制定与倡导网络道德规范,坚决抵制低俗之风。增强网络安全意识,防止西方敌对势力利用网络"乱"政,实现"安全用网"。要发展壮大我国互联网信息技术产业,建立一套先进适用的信息安全技术和信息安全产品的安全性测评认证制度,建立健全网络管理规章制度,把好上网信息和网络内容政治关;加强对互联网从业人员的思想政治教育,提高把关能力;坚决抵制打着互联网旗号进行思想文化渗透、以颠覆国家政权为目的的网络入侵;对那些利用网络恶意攻击我国政治制度、进行意识形态渗透、歪曲丑化政府形象、发布反动信息等行为要严厉封堵和打击。

(四)注重网络问政制度设计实施,厘定政府公信力的维度

为了使网络问政工作常态化、长效化和规范化,必须建立起一套完善的制度体系,如建立健全留言办理、考核评议、立法保障和监督问责等一系列制度,确保网络问政工作权责清晰、程序合理、有章可循、有法可依。在网络不断发展的时代,政府与民众之间最和谐的关系是建立在相互理解与信任基础上的法制化关系。政府的努力甚至可以定位于网络问政本身,即谁能发挥好网络问政的作用,谁的社会管理就是成功的,因为良好的互动所体现出来的和谐是政府组织社会管理的最好效果。网络问政视阈下政府公信力的提升,其出发点和归宿是以人为本、为民服务,核心是通过互

### 第五章 新时代中国政府公信力建设之路：机遇与选择

联网了解社情民意、汇聚民智，及时掌握和引导网络舆情，实现社会和谐。其主要体现在网络舆情分析能力、网络群体事件的处置能力和网络舆情的引导能力。

首先，网络问政制度化的必要性。网络问政必须制度化，才能真正推进政治文明进程。网络问政既包括公民借助网络这个巨大的信息平台向国家机关及其工作人员反映问题、表达诉求、建言献策，也包括国家机关及其工作人员通过互联网主动问政于民，因此，网络问政是双向互动的过程。网络问政，政府必然是主导，应该将网络问政机制纳入政府工作条例，真正用成文的规章制度来保证网络问政的健康运行，才能使网络问政成为公众权力和载体平台。网络问政如何形成合理的制度架构，一方面要关注社情民意；另一方面，要将民主、法制、公平、正义等这些问题都要纳入网络问政视野，也就是说网络问政如何更加深刻、更加合理、更加有序仍是需要不断思索和完善的。同时，要对"网络问政"的实践进行适时和全面总结，厘清网络问政在推行中的各种问题，从制度化的举措进一步化解社会矛盾、提升廉政建设等问题，从而促进互联网时代公民知情权、参与权、表达权和监督权，并最终实现政府的公信力和执行力的有效提升。

其次，网络问政制度化建设的原则。网络问政不仅是政府到网上搜罗信息这样简单被动和机械的过程，更是一个虚拟空间向现实空间推进的实践举措。从本质上看，网络问政不仅仅是公民问政于政府，更是政府实行民主决策和科学决策的重要手段。网络问政的健康发展，必然要求制度化保障。网络问政的制度化过程，必须要坚持科学的原则。

1. 坚持实事求是的原则。问政是信息平台，问政的主体是公民，问政的过程意味着公民对政府及官员的监督、批评和约束。因此，网络问政是政府与公民的一种互动过程，通过这一过程来实现民意的表达和政府的科学决策。在这一过程中，不管是对民众还是对政府来讲，都必须坚持实事求是的原则。如果离开了实事求是，这种互动就缺乏真实性，这种缺乏诚信的结果必然使网络问政失去应有的价值，造成社会的危害。实事求是原则体现在网络问政的制度建设上，就是要依据新兴科技的发展和中国政治文明建设的实践来设立制度，不能落后，也不能超前。只有坚持这样的原则，才能建立起科学的网络问政制度。

  2. 坚持有利于推动政治文明发展的原则。网络问政是一种政治主动，是中国民主政治发展的一种新的形式。网络媒体在社会传播中趋于主流化，在这一时代背景下，互联网不仅是技术、是媒体，更是政治。中国传统的政治制度、政治行为、政治构架、政治思维以及政治活动方式，都会对网络问政这种政治形态的"新生事物"产生莫大的影响。在网络时代，网络问政的制度化建设将带来国家的政权机构、机关运行方式和社会管理方式等民主政治制度的变革，必将推动中国民主政治制度建设的创新。因此，在网络问政这种政治举措的制度建设中，我们应当坚持包容性的思维，在审视和衡量它的价值时，把促进和推动政治文明发展作为重要的原则。网络问政的制度化过程，将对国家机关权力的运行及其工作人员权力的行使提出新挑战。网络问政的制度化将改变传统的政府模式，促进政府组织结构"扁平化"，带来国家政权机构、机关运行方式和社会管理方式等民主政治制度的新变革，由此必将推动中国民主政治制度的创新与发展。

  3. 坚持人民利益高于一切的原则。政治就是民众的议事，网络问政说到底就是政府和民众通过网络交流来管理民众的事。我们党的先进性，从本质上来讲，就是立党为公，执政为民，我们党的根本宗旨就是全心全意为人民服务。网络问政作为民主政治的新形式，说到底，也是我们党"从群众中来，到群众中去"的"一切为了群众，一切依靠群众"这一群众路线的集中体现。因此，在网络问政的制度化建设中，各级政府必须把相信和依靠群众放在首位，坚持人民的利益高于一切的原则。网络问政的回应制度、监督制度、问责制度和法律保障制度都必须把人民的利益放在第一位，坚持人民利益高于一切的原则，也是政府在社会管理和公共服务过程中坚持科学发展观的核心内容，即以人为本这一执政理念的重要体现。坚持人民利益高于一切的原则，就是要将网络问政打造成新时期党和政府坚持走创新型群众路线的模式进行探索。

  4. 坚持社会主义法制的原则。网络问政是一种政治举措，离不开法制保障。网络问政激发了公众的政治参与热情，提高了公众的民主诉求能力，增强了公众的社会责任感，为公众的民意表达提供了新的民主渠道，为党

和政府了解民意，问计民生，密切联系群众，提高科学执政、依法行政的水平开辟了新的民主途径。但是，从实践来看，互联网络上的言论也具有片面性、非广泛性、非理性、欺骗性和放大性等负面特性，现实空间和网络空间必然有差距。互动的过程必然也有碰撞。因此，网络问政又有诱致公共秩序失范的特性，它可能引起公共秩序的紊乱等一些民主性隐忧，并导致政府在网络语境下的治理缺失公共空间。可见，实现网络问政的制度化、常态化和科学化，推进有序民主政治的建设，必须建立和完善网民自律与政府的良政善治的网络问政法治制度。要使网络问政在法制化的轨道上健康发展，首先要以汲取社情民意为基本出发点，以党和政府对网络问政的利用为基本诉求，以赋予政府义务为主要形式，以对网络问政扶植、鼓励、指导、规范、保护为主要方法，使网络问政表达秩序，成为一个公众积极参与的公平理性、组织有序、守法文明和政府汇集民意、科学执政、为民勤政的执政平台。

再次，网络问政制度化的内容。从目前的情况来看，网络空间主体的言论自由权的制度化保护与法律界限等问题已经引起学界的广泛关注。很多省市政府在制度性建设和地方性法规中逐渐把网民的权利和义务关系规定下来，从制度化的视角来研究和保障网络问政主体的政治参与权。

第一，"网络问政"主体政治参与权力的制度化规范建设。互联网已经成为思想文化信息的集散地和社会舆论的放大器，成为民智汇聚、舆论引导和舆论监督的重要阵地。网络问政是民众进行政治表达、政治参与和政治监督的重要渠道。网络问政的主体是公民，国家必须建立落实人民享有宪法赋予的知情权、表达权、政治参与权和监督权的一系列制度性保障。在互联网时代，知情权制度、表达权制度、政治参与权制度、监督权制度都必然有着新的内容和新的形式，怎么从制度化的视角来对网络问政主体政治参与权利的设置、规范和保障等问题进行规制，这是网络问政面临的一个重要问题。

第二，网络问政平台的设立、渠道的规范和制度化保障建设。在网络时代，网络问政的客体是国家政权机关和国家职能部门。网络问政不仅是公民问责政府，也是政府科学决策的重要手段。科学地设置政府机构、职能和政权运行机制是网络时代政治文明建设的新要求。网络问政依托于网络平台，因此，要利用网络本身所包含的平等性、交互性、便捷性、广泛性、公开性和经济性等特征，使它成为公众直接参与政治的重要渠道。首先，加强网络舆论监督平台建设，建立通畅、高效、规范的网络平台主渠道，才能提升网络舆论监督的权威性和有效性。其次，要建立民情、民意和民愿的表达制度；再次，建立政府信息公开制度和网络处理意见制度；最后，建立和推广网络发言人制度、党政领导定期上网倾听网民意见制度和定期举办网络意见办公会制度和网络信息督办联动制度。

第三，网络问政回应机制的设立和问责制的实施。网络问政的关键既"问"，又"答"。网络问政不是一个静态的概念，而是一个信息相互对流的过程，互动才是它的本质。在网络问政过程中，政府只有真正实现"件件有回音，事事有着落"的承诺，群众才能切身感受到政府听民意、解民忧、集民智的诚意和行动。同时，"政民互动"必须"两头动"，通过网络热线，群众在一端向政府传递所思、所想、所需，政府在另一端听民声、知民意、解民忧。"官民互动是党政官员了解民情的一个好窗口，是发现社会问题苗头和起因的窗口。随着矛盾不断解决，信任不断加深，老百姓也解决了身边事。因此，宏观式的互动必然是网络问政的发展方向。网络问政，必须要有回应制度和问责制度相配套，要遵循网络信息的传播规律，做到及时受理、妥善答复，确保件件有回音，事事有落实，提高网帖回复的权威性、直接性。要建立网络舆情分析制度、定期的回应和交流制度、健全网络舆论收集研判制度、突出网络舆情监测与受理互动制度、突出政府与网络意见领袖沟通互动制度，健全网络舆论理性引导制度、网络监督制度、政府信息公开制度和问责制度等。2018年12月，国务院办公厅发布《关于推进政务新媒体健康有序发展的意见》，2019年4月，国务院办公厅政府信息与政务公开办公室开始对各地区、各部门政府网站与政务新媒体开展定期检查指标、监管工作的年度考核，2020年，检查工作首次将各地区、各部门政府网站和政务新媒体监管工作纳入考评。总体来看，各地区、各部门落实监管责任积极有序，基本实现常态化监管和监督考核。

第四，"网络问政"的沟通与协调制度的建设。网络问政是信息时代政治文明发展的新方式,实践证明,人民参与国家和社会管理的方式是多方面的,仅靠网络问政还是不够的,因为网络言论也具有片面性、非广泛性、非理性、欺骗性和放大性等负面特性,还有"数字鸿沟"的存在,因此在重视网络民意的同时,依然要重视调查研究等传统的问政方式,来深入基层了解民生民情。首先,政府要抱定一颗责任心,主动"上网察民情",理性看待网络民意,去粗取精,为自己的履职参政提供有益的参考;其次,还要带着感情走到群众中,"下网解民忧",了解群众所想、所盼、所愿,帮助群众解决实际问题。必须把网络问政与"网下问政"结合起来,深入研究诸如网络问政与信访等沟通与协调的制度化问题。通过网上和网下建立两者的沟通制度、协调制度、保障制度,实现科学问政、民主问政、依法问政。

第五,"网络问政"的法律救济制度建设。网络问政是公民依照宪法和法律参加国家事务和社会事务管理的政治权利。因此,公民进行网络问政有充分的法律依据,应该得到法律的保障。一是要设立网络问政主体政治参与权、参与程序的保障制度;二是要设立网络问政的内容、议题、正当合法的公开制度;三是设立网络问政过程透明有序,结果公正有效的审查制度;四是要设立网络问政的新闻发布、信息公开和回应的工作制度;五是要健全"网络问政"的责任制度、评议制度、监督制度。

(五)强化网络问政的机制建设,增强政府公信力的效度

各级政府要主动适应网络问政环境的变化,将网络问政视为本职工作的重要组成部分,使网络问政能够成为科学决策、制定政策的有效载体及依据。政府部门领导要重视网络问政工作,加强网络问政工作的政策保障、人员保障以及资金保障,带领部门工作人员坚持问政于民、问需于民、问计于民,运用网络从人民伟大实践中汲取智慧和力量。要设立网络问政专职机构,使网民的意见和建议能够有人定期收集、及时整理和汇总并向上级有关部门汇报,还要加强网络问政平台的日常维护。

1. 建立网络信息预警及应急处置机制。网络问政平台中的海量信息并非全是正确、真实的信息,片面、虚假、不实的信息通过网民的互相转载、跟帖以及置顶极易转变为舆论导向,若被不法分子利用就会扰乱社会正常

秩序，使社会矛盾升级并给公众造成一定的恐慌，因此必须建立网络预警及应急处置机制。根据实际需要组建一支网络舆情监测队伍，专门对国内外主流网站的论坛、贴吧等进行监控，并由这支能预测、善分析、助决策的监测队伍对信息进行全面收集及科学、严谨的分析。对于网上出现的虚假、不实信息，要组织专人跟帖予以澄清，正确引导公众。

2. 建立网络问政线上线下对接机制。网络问政始终是一种虚拟的政治行为，政府和公众在网上通过互动拉近了距离、增进了互信，但网络问政中双方达成的共识还需在现实中得到真正落实。政府与公众间的相互信任并非通过单方面强制"灌输"而取得，大多数是通过依靠政府切实为公众办实事的现实沟通和互动取得的，政府要根据需要定期组织与网民的见面会、座谈会，将讨论议题通过新闻媒体和网络提前公布，邀请网民报名参加。可以不拘一格地运用QQ、微信、微博、论坛等互动形式，实现领导及政府新闻发言人和网民之间的零距离交流。健全重大决策及政策颁布实施前的公示机制。将网上公示当成网络问政的方法手段，激发广大网民参与重大决策及政策制定的积极性，实行"网络表决"，对于"网络表决"中的不同声音，要公开做出说明并加以改进，增强"网络表决"的公信力。

3. 优化网络问政管理和考核机制。对问政事项要及时落实、定期通报，做到有明确的承办部门，有明确的责任人，确保问政事项按时办结，有着落、有回音。监察部门要切实担负起对网络问政工作的监察，对于问政事项办理过程中公众不满意的，督促问题单位做出解释并督促其到监察部门备案。要将网络问政作为考核的重要内容，通过部门内部互评和社会满意度调查等方式，不断提高网络问政的效率及社会评价。

# 结 语

从对政府公信力语义的理解一直到政府公信力建设的路径思考，可以越来越清晰地认识到：对政府公信力的理论研究和实证分析是辩证统一的。政府公信力的理论研究是对政府公信力的性质和价值的应然性论述，政府公信力的理论探讨最终是要为我们在现实情境中提升政府公信力提供依据和思路。着眼于学理层面，现有对政府公信力的理解是多元的，政府公信力的理论基础亟待深入和补充，有关政府公信力完整的理论体系还远没有构建起来。立足于现实维度，政府公信力的实然情境在政府模式变革中不断地变迁和演化着，其不断弱化的普遍危机亟需注重对政府公信力的理论关怀和实践探索。

政府公信力的研究内容极其广泛，一本著作的研究不可能涵盖所有政府公信力的研究领域。本书针对当前政府公信力研究的争论和误区，结合已有研究成果，重点选取了以下几个问题进行了深入探讨，分别是："公信力及政府公信力：研究对象的探源""政府公信力的运行机理：逻辑、前提和要素""政府公信力的变迁：从管制型政府到服务型政府的演进""现代政府公信力的提升：制度约束与伦理教化"以及"当代中国政府公信力建设之路：挑战与选择"。通多对以上若干问题的思考和论析，本书可能存在的贡献有五个方面：一是对中西传统文化中政府公信力的意蕴进行了解读，探寻了政府公信力的思想源头。二是对政府公信力的内涵及其相关易混概念进行了辨析，并对政府公信力的理论不足进行了必要的补充，明晰了政府公信力的理论逻辑，并深化了对政府公信力的理解。三是通过对政府公信力的存在前提和结构性要素进行分析，阐述了政府公信力的运作机理，尤其强调主客体输出与反馈的重要性，探索了现代政府公信力的运行规律。四是对政府公信力的变迁过程进行梳理，指出政府公信力衰退的现实情境，并从政府公信力的基本要素入手，在理论上论述了提升政府公信力的根本途径。五是从现实的角度出发，分析了当代中国政府公信力面临的机遇和选择，提出了中国政府公信力建设的基本路径。

在努力描绘政府公信力的理论全貌和论述提升政府公信力的根本途径的过程中，始终遵循和追求着政府公信力的价值归属——社会的和谐善治。对于政府而言，政府公信力直接提高了政府的公共权威，巩固合法性地位；对公众而言，拥有强公信力的政府可以更好地行使公共权力，还原公共意志；而对社会而言，政府公信力是政府走向善治、社会走向和谐的必要条件和基本路径。和谐善治作为社会治理的理想范式，必然要求政府公信力实现回应民意、彰显公义、维护正义的价值定位。因此，抱着现实不断趋向理想的美好愿望，任何对政府公信力的理论论证和实践探索都是有益和值得的，这也是本书尝试研究政府公信力的动力所在。

# 参考文献

[1] 马克思恩格斯全集（第 1,2, 3,4,6,7,20,22,23,45,46 卷）[M]. 北京：人民出版社, 1956,1957,1961,1962,1965,1971,1974,1977,1979.

[2] 马克思恩格斯选集（第 1 卷）[M]. 北京：人民出版社,1995.

[3] 列宁全集（第 33 卷）[M]. 北京：人民出版社,2010.

[4] 〔古希腊〕柏拉图. 理想国（中译本）[M]. 北京：商务印书馆,2002.

[5] 〔古希腊〕亚里士多德. 政治学 [M]. 北京：商务印书馆,1965.

[6] 〔法〕卢梭. 论人与人之间不平等的起因和基础 [M]. 李平沤, 译. 北京：商务印书馆,2007.

[7] 〔法〕卢梭. 卢梭文集——社会契约论 [M]. 北京：红旗出版社,1997.

[8] 〔法〕孟德斯鸠. 论法的精神 [M]. 北京：商务印书馆,1961.

[9] 〔美〕帕森斯. 现代社会的结构和过程 [M]. 北京：光明日报出版社,1988.

[10] 〔英〕卡尔·波普尔. 猜想与反驳 [M]. 上海：上海译文出版社,1986.

[11] 〔波〕彼得·斯托姆普卡. 信任：一种社会学理论 [M]. 北京：中华书局,2005.

[12] 〔美〕福山. 大分裂——人类本性与社会秩序的重建 [M]. 北京：中国社会科学出版社,2002.

[13] 〔波〕彼得·什托姆普卡. 信任：一种社会学理论 [M]. 程胜利, 译. 北京：中华书局,2005.

[14] 〔英〕安东尼·吉登斯. 现代性的后果 [M]. 田禾, 译；黄平, 校. 南京：译林出版社,2000.

[15] 〔美〕塞缪尔·P. 亨廷顿. 变化社会中的政治秩序 [M]. 上海：三联书店.1996.

[16]〔日〕蒲岛郁夫.政治参与[M].北京:经济日报出版社.1989.

[17]〔英〕梅因.古代法[M].北京:商务印书馆,1959.

[18]〔法〕休谟.人性论(节选本)[M].北京:商务印书馆,2002.

[19]〔英〕安东尼·吉登斯.社会学[M].赵旭东,等译.北京:北京大学出版社,2003.

[20]〔英〕约翰·洛克.政府论(下篇)[M].北京:商务印书馆,2018.

[21]〔德〕马克思·韦伯.儒教与道教[M].北京:商务印书馆,2003.

[22]〔美〕古德诺.政治与行政(中译本)[M].北京:华夏出版社,1987.

[23]〔美〕泰勒.科学管理原理[M].北京:中国社会科学出版社,1984.

[24]〔美〕弗朗西斯·福山.社会美德与创造经济繁荣[M].海南:海南出版社,2001.

[25]〔英〕Gordon Redding.资本主义精神[M].上海:格致出版社,上海人民出版社,2009.

[26]〔美〕乔万尼·萨托利.民主新论[M].上海:上海人民出版社,2009.

[27]〔美〕迈克尔·麦金尼斯.多中心体制与地方公共经济[M].毛寿龙,译.上海:上海三联书店,2000.

[28]〔澳〕欧文·E.休斯.公共管理导论(第三版)[M].北京:中国人民大学出版社,2007.

[29]〔美〕尼古拉斯·亨利.公共行政与公共事务(第八版)[M].北京:中国人民大学出版社,2002.

[30]〔美〕乔治·弗雷德里克森.公共行政的精神[M].北京:中国人民大学出版社,2003.

[31]〔美〕珍妮特·V.登哈特,罗伯特·B.登哈特.新公共服务:服务,而不是掌舵[M].丁煌,译.北京:中国人民大学出版社,2004.

[32]〔美〕文森特·奥斯特罗姆.美国公共行政的思想危机[M].毛寿龙,译.上海:上海三联书店,1999.

[33]〔德〕哈贝马斯.公共领域的结构转型[M].曹卫东,等译.上海学林出版社,1999.

[34]〔圭亚那〕马克·沃伦.民主与信任[M].吴辉,译.北京:华夏出版社,2004.

[35] 〔美〕诺内特·塞尔兹尼克.转变中的法律与社会——迈向回应型法[M].张志铭,译.北京：中国政法大学出版社,1994.

[36] 〔日〕川岛武宜.现代化与法[M].申政武,等译.北京：中国政法大学出版社,1994.

[37] 〔美〕科尔曼.社会理论的基础[M].邓方,译.北京：社会科学文献出版社,1999.

[38] 〔美〕阿尔蒙德·小鲍威尔.当代比较政治学[M].朱曾汶,林铮,译.北京：商务印书馆,1993.

[39] 〔美〕詹姆斯·S.科尔曼.社会理论的基础[M].邓方,译.北京：社会科学文献出版社,1999.

[40] 〔法〕让·马克·夸克.合法性与政治[M].北京：中央编译出版社,2002.

[41] 〔法〕尼古拉斯·卢曼.信任[M].瞿铁鹏,译.上海：上海世纪出版集团,2005.

[42] 〔德〕马克思·韦伯.新教伦理与资本主义精神[M].于晓,等译.上海：三联书店,1998.

[43] 〔英〕弗里德里希·哈耶克.经济、科学与政治[M].南京：江苏人民出版社,2000.

[44] 〔美〕罗伯特·达尔.民主理论的前言[M].北京：生活·读书·新知三联书店,1999.

[45] 〔日〕田中则明.体验中国[M].上海：画报出版社,2000.

[46] 〔美〕明恩溥.中国人的素质[M].上海：学林出版社,2001.

[47] 〔法〕爱弥尔·涂尔干.职业伦理与公民道德[M].上海：上海人民出版社,1999.

[48] 〔美〕雷蒙德·塔塔洛维奇,拜伦·W·戴恩斯.美国政治中的道德争论[M].重庆：重庆出版社,2001.

[49] 郑也夫.信任论[M].北京：中国广播电视出版社,2002.

[50] 胡鞍钢.中国：挑战腐败[M].杭州：浙江人民出版社,2001.

[51] 邓伟志.变革社会中的政治稳定[M].上海：上海人民出版社,1997.

[52] 俞可平.治理与善治[M].北京：社会科学文献出版社,2000.

[53] 俞可平.权利政治与公益政治[M].北京：社会科学文献出版社,2003.

[54] 俞可平.增量民主与善治[M].北京：社会科学文献出版社,2003.

[55] 王长江,姜跃.现代政党执政方式比较研究[M].上海：上海人民出版社,2002.

[56] 胡伟.政府过程[M].杭州：浙江人民出版社,1998.

[57] 桑玉成.政府角色：关于市场经济条件下政府作为与不作为的探讨[M].上海：上海社会科学院出版社,2000.

[58] 桑玉成.利益分化的政治时代[M].上海：学林出版社,2002.

[59] 鲍勇剑,陈百助.危机管理：当最坏的情况发生时[M].上海：复旦大学出版社,2003.

[60] 王浦劬.政治学基础[M].北京：北京大学出版社,1995.

[61] 刘旭涛.政府绩效管理：制度、战略与方法[M].北京：机械工业出版社,2003.

[62] 张康之.公共行政学[M].北京：经济科学出版社,2002.

[63] 陈振明.公共管理学[M].北京：中国人民大学出版社,2003.

[64] 彭澎.政府角色论[M].北京：中国社会科学出版社,2002.

[65] 商红日.政府基础论[M].北京：经济日报出版社,2002.

[66] 李瑛.现代政治学计量方法[M].天津：天津人民出版社,2002.

[67] 张忠元,向洪.信誉资本[M].北京：中国时代经济出版社,2002.

[68] 曾康霖,王长庚.信用论[M].北京：中国金融出版社,1993.

[69] 喻敬明,林钧跃,孙杰.国家信用管理体系[M].北京：社会科学文献出版社,2000.

[70] 林钧跃.社会信用体系原理[M].北京：中国方正出版社,2003.

[71] 秦阳,肖峰.诚信的力量[M].北京：海潮出版社,2002.

[72] 张维迎.信息、信任与法律[M].上海：生活.读书.新知三联书店,2006.

[73] 顾平安.政府发展论[M].北京：中国社会科学出版社,2005.

[74] 唐士其.西方政治思想史[M].北京：北京大学出版社,1998.

[75] 王绍光,胡鞍钢.中国国家能力报告[M].香港：牛津大学出版社,1994.

[76] 丁东红.人之解读[M].石家庄：河北教育出版社,2001.

[77] 论语仁 [M].张燕婴,译注.北京:中华书局.2006.

[78] 荀子.荀子·王霸 [M].安小兰,译注.北京:中华书局,2007.

[79] 薄贵利.集权、分权与国家兴衰 [M].北京:经济科学出版社,2001.

[80] 顾丽梅.信息社会的政府治理 [M].天津:天津人民出版社,2003.

[81] 李明.基于公民参与视角的地方政府网络问政与网络舆情问题研究 [J].新媒体研究,2019 (16).

[82] 张沐华.网络问政的理论要素、现实问题与完善对策 [J].法治论坛,2020(1).

[83] 嵇道虎,周定财.公众参与:转型期中国政府公信力提升的基本途径 [J].天水行政学院学报,2020(3).

[84] 李晓燕.加强政务诚信建设 提升政府公信力 [J].实践(思想理论版),2020(2).

[85] 李晴,刘海军.廉政建设重构政府公信力的路径分析 [J].廉政与治理,2020(3).

[86] 蔡梅兰.浅析新时代提升政府公信力的实现路径 [J].新疆社科论坛,2020(6).

[87] 褚松燕.再论互联网时代的政府公信力建设 [J].上海行政学院学报,2018 (1).

[88] 江必新.贯彻十九大精神 加快行政法治建设 [J].求索,2018(1).

[89] 唐大鹏,常语萱.政府内部控制、政府财务信息与政府公信力 [J].财政研究,2018(1).

[90] 李金多.跨越"塔西佗陷阱":政府公信力的困境与重塑 [J].延边党校学报,2017(6).

[91] 曹莹.政务公开如何用好"互联网+"[J].人民论坛,2017(33).

[92] 杨惠,戴海波.论地方政务微博在政府公信力建构中存在的问题及对策 [J].新闻知识,2017(11).

[93] 陈平.当前我国制度反腐的宏观策略、路径依赖与现实对策分析——新制度主义的视角 [J].河南大学学报(社会科学版),2016 (3).

[94] 付相波.政府公信力与现代化改革路径抉择 [J].四川行政学院学报,2016(2).

[95] 刘峰.优化服务必须加强政府协商[J].中国行政管理,2016(4).

[96] 〔英〕肯尼斯·纽顿.社会资本与民主[J].马克思主义与现实,2000(2).

[97] 孟钦武.网络舆情危机应对与地方政府公信力提升策略——从公关哲学的视角[J].辽宁行政学院学报,2015(12).

[98] 麻宝斌.走出政策执行不力的体制困境[J].探索与争鸣,2015(11).

[99] 丛雨.走出"塔西佗陷阱"——政府公信力重塑问题研究[J].辽宁行政学院学报,2014(12).

[100] 单晓辉.论社会转型时期政府公信力提升[J].人民论坛,2014(34).

[101] 陈晓.政务微博创新扩散:过程与意义[J].人民论坛,2013(33).

[102] 杨雄.始终把突发事件应对工作抓紧抓实抓好[J].中国应急管理,2013(9).

[103] 邵景均.进一步打造阳光政府[J].中国行政管理,2013(9).

[104] 何淑兰.危机善后管理视角下政府公信力的分析——以乌坎事件为例[J].科教文汇(下旬刊),2013(8).

[105] 郭秀丽.政府决策与政府公信力[J].理论研究,2013(4).

[106] 王文会,陈显中.关于提升政务微博效用的思考[J].河北学刊,2013(5).

[107] 张康之.在历史的坐标中看信任——论信任的三种历史类型[J].社会科学研究,2005(1).

[108] 董才生.社会信任:一种制度的解释[J].社会科学战线,2004(4).

[109] 黄晓芳.公信力与媒介的权威性[J].电视研究,1999(11).

[110] 程鹏.从提高政府能力的角度塑造政府权威[J].理论与实践,2007(6).

[111] 李德国,蔡晶晶.当代西方政府信任危机述评[J].广东行政学院学报,2007(12).

[112] 马晓明,袁敬伟.公共权力监督与制衡的思考[J].行政与法,2007(1).

[113] 张成福,孟庆存.重建政府与公民的信任关系——西方国家的经验[J].国家行政学院学报,2003(3).

[114] 沈建乐.公共权力异化及其体制性制约[J].时事观察,2006(9).

[115] 冯振萍.论政府和人民之间信任关系的重构[J].柳州职业技术学院学

报,2006(12).

[116] 李言实. 评所谓"权力异化"[J]. 学术研究,1984(1).

[117] 曾涓. 浅论我国公共权力的异化和制衡——基于委托代理理论的视角[J]. 法制与社会,2008(5).

[118] 龚维斌. 社会结构调整与反腐败[J]. 江淮论坛,2004(1).

[119] 徐贵宏. 政府声誉、政府能力与非政府组织对政府的信任[J]. 公共管理学报,2009(1).

[120] 程倩. 政府信任关系的研究路径与缘起[J]. 社会科学研究,2005(4).

[121] 林慕华,曹建宇. 政府信用与政府能力刍论[J]. 山东行政学院山东省经济管理干部学院学报,2004(10).

[122] 汪永成. 中国现代化进程中的政府能力——国内学术界关于政府能力研究的现状与展望[J]. 政治学研究,2001(4).

[123] 马韬. "依法行政"的内涵及其对我国行政制度建设的意义[J]. 六盘水师范高等专科学校学报,2006(4).

[124] 杨勇. 公民参与:我国政府决策民主化的应有之义[J]. 重庆工商大学学报(社会科学版),2007(2).

[125] 石裕东. 公民意识内涵新探[J]. 湖北工业大学学报,2009(12).

[126] 杨全柏. 建立科学的政府信用评价体系[J]. 琼州学院学报,2009(2).

[127] 陈丽君,张存如. 政府诚信:政府公信力的源泉和基础——西方政府诚信研究及其启示[J]. 中共宁波市委党校学报,2008(3).

[128] 张帆. 政府公信力刍议[J]. 中共银川市委党校学报,2009(2).

[129] 斗丽丽. 从完善制度建设谈如何提高政府公信力[J]. 法治视野,2009(1).

[130] 张帆. 政府公信力问题探究[J]. 北京科技大学学报(社会科学版),2008(12).

[131] 刘仕博. 关于我国政府公信力建设战略的思考[J]. 工会论坛,2008(1).

[132] 向永红,吴迪. 制度创新:提高政府公信力的动力——从新制度主义的视角出发[J]. 经济研究导刊,2009(4).

[133] 彭艳,洪燚. 浅议我国政府公信力[J]. 经济与法,2009(10).

[134] 张维迎. 中国目前最稀缺的资源是信用[J]. 中国改革,2001(9).

[135] 张康之. 合法性的思维历程：从韦伯到哈贝马斯 [J]. 教学与研究, 2002(3).

[136] 周志伟. 政治信任研究——兼论当代政府公信力 [D]. 中共中央党校, 2007(6).

[137] 丁样艳, 朱亚军. 行政改革的路向选择：建设有限政府 [J]. 哈尔滨学院学报, 2004(7).

[138] 负杰. 有限政府论：思想渊源与现实诉求 [J]. 政治学研究, 2005(1).

[139] 郑也夫. 读张维迎《信息、信任与法律》[J]. 博览群书, 2004(2).

[140] 魏娜. 公民参与下的民主行政 [J]. 国家行政学院学报, 2002(3).

[141] 周义程. 治理理论与我国第三部门的培育 [J]. 南京行政学院学报, 2003(3).

[142] 李水金. 公共事物治理的困境及其克服 [J]. 四川行政学院学报, 2003(6).

[143] 金太军. 第三部门与公共管理 [J]. 江苏社会科学, 2002(6).

[144] 沈荣华, 侯焕春. 论行政强制执行中的行政责任 [J]. 江海学刊, 2000(6).

[145] 颜昌武, 刘亚平. 公共行政学的逻辑困境及其化解 [J]. 武汉大学学报 (哲学社会科学版), 2007(11).

[146] 李承, 王运生. 当代公共行政的民主范式 [J]. 政治学研究, 2000(4).

[147] 贾海涛. 论霍布斯的权力哲学及其历史影响 [J]. 哲学研究, 2007(10).

[148] 〔美〕蒙哥马利·范瓦特. 公共管理的价值根源 [J]. 经济社会体制比较, 2002(4).

[149] 〔美〕万斯莱等. 公共行政与治理过程：转变美国的政治对话 [J]. 中国行政管理, 2002(2).

[150] 章延杰. 论政府信用 [D]. 复旦大学, 2006.

[151] 吴春. 当前我国地方政府公信力问题研究 [D]. 山东大学, 2008(3).

[152] 雷水秀. 政府公信力弱化的对策研究 [D]. 南昌大学, 2008.

[153] 黄菊. 绩效理念视角下的中国政府公信力提升策略研究 [D]. 湘潭大学, 2009.

[154] 韩贤良. 现阶段我国地方政府公信力研究 [D]. 内蒙古大学, 2009.

[155] 郑保章. 新形势下我国政府公信力研究 [D]. 2005.

[156] 林翔华. 网络时代政府公信力研究——以"华南虎事件"为例 [D]. 2008.

[157] 刘新. 公共危机状态下政府公信力提升的研究 [D]. 电子科技大学, 2008.

[158] 胥会云. 从"权力行政"提升到"责任行政" [N]. 第一财经日报, 2006-03-01.

[159] 深刻认识构建社会主义和谐社会的重大意义 扎扎实实做好工作 大力促进社会和谐团结 [N]. 人民日报, 2005-02-20.

[160] 高俊亮, 王静. 略论我国个人资信制度的建立和评价原则 [J]. 西安电子科技大学学报（社会科学版）, 2005(6).

[161] 钱海梅. 论社会转型期的责任行政 [J]. 上海大学学报（社会科学版）, 2003(3).

[162] 杨欣. 论行政执法与全面推进依法行政 [J]. 四川警官高等专科学校学报, 2004(6).

[163] 王静. 我国建立个人资信制度的意义及对策探讨 [J]. 改革研究, 2004(11).

[164] 张爱华. 依法行政的理论内涵与实践原则 [J]. 洛阳大学学报, 2004(3).

[165] 王秀华, 张继文, 刘艳梅. 政府信用评价方法初探 [J]. 国家行政学院学报, 2004(6).

[166] 冯留建. 中国改革开放以来公民意识问题研究综述 [J]. 商丘师范学院学报, 2008(4).

[167] 张成铁. 互联网络时代政府公信力的构建 [J]. 法制与经济, 2009(9).

[168] 王改清. 论互联网时代政府公信力的重塑——以华南虎事件为重点 [J]. 山西高等学校社会科学学报, 2009 (5).

[169] 李良栋, 张伟. 以政府创新促进政府公信力的提高 [J]. 中国党政干部论坛, 2008 (7).

[170] 林安红. 政府公信力与公共治理 [J]. 天府新论, 2006( 5).

[171] 王茂涛, 冯伟. 公共危机管理视野下的政府公信力研究 [J]. 重庆理工大学学报（社会科学）, 2010 (1).

[172] 陈先兵. 重塑政府公信力, 化解城乡群体性事件 [J]. 中共银川市委党校学报, 2009(10).

[173] 柳朴方, 卢雅卿. 浅析中国政府公信力现状 [J]. 济宁师范专科学校学报, 2006(2).

[174] 吴之如. 欠钱不还 削弱政府公信力 [J]. 财政监督, 2008(8).

[175] 如何修复"钓鱼执法"损害的政府公信力 [J]. 领导决策信息, 2009(11).

[176] 王福文. 深化行政改革, 提高政府公信力 [J]. 宁夏党校学报, 2008(1).

[177] 冉冉. 提高政府公信力: 第七届全球政府创新论坛综述 [J]. 经济社会体制比较（双月刊）, 2007(5).

[178] 金千人. 以"胡斌案"为视角浅谈政府公信力和信息公开 [J]. 经济与法, 2009(10).

[179] Kenneth Newton. Social Trust and Political Disaffection: Social Capital and Democracy. Tufts University Press, 2001.

[180] N.Luhmann. Familiarity, Confidence, Trust: Problems and Alternatives, in D. Gambetta ed., Trust:Making and Breaking Cooperative Relations, Blackwell Publishers, 1990:94–107.

[181] Gambetta Diego., Can We Trust Trust?, inGambetta, Diego ed., Trust: Making and Breaking Cooperative Relations, Blackwell Publishers, 1990: 213–237.

[182] P. Dasgupta. Trust as a Commodity, in D.Gambetta, ed.. Trust: Making and Breaking Cooperative Relations, Blackwell Publishers, 1990:49–72.

[183] Kramer R. Trust and Distrust in Organizations:Emerging Perspective, Enduring Questions, in Annual Review of Psychology, 1999: 569–598.

[184] Coleman James S. Foundations of Social Theory, Cambridge: The Belknap Pressof Harvard University Press,1990.

[185] Diamond Douglas W. Monitoring and Reputation:The Choice Privately Placed Debt. Journal of Political Economy,1991,99(4):689–721.

[186] Emons,Winand. Moral Hazard and the Lemons Problem. Journal of Economic Theory,1988,46:16–33.

[187]Axelrod Robert. The Emergence of Cooperation Among Egoists. American Political Science Review,1981,75:306-18.

[188]B. Barber. The Logic and Limits of Trust , Rutgers University Press , 1983.

[189]J. Orbell, R. Dawes and P. Schwartz-Shea, Trust, Social Categories, and Individuals: the Case of Gender, in Motivation and Emotion, 1994:109-128.

[190]R. Cialdini. The Triple Tumor Structure of Organizational Behavior , in D. M. Messick, A. E. Tenbrunsel, eds., Codes of Conduct, Russell Sage Found, 1996:44-58.

[191]G. J. Miller. Managerial Dilemmas: The Political Economy of Hierarchies, Cambridge University Press , 1992.

[192]M. Hollis. Trust Within Reason , Cambridge University Press, 1998.

[193]Paul Blakelock. Changing trust: individual-level assessments of political legitimacy. A Dissertation Presented to The Faculty of the Department of Political Science University of Houston.

[194]Joseph S. NyeJr, Philip D. Zelikow, David C.King.Why people don't trust government[M]. Harvard University Press Cambridge. Massachusetts. London, England, 1997:1.

[195]Margaret Levi, Laura Stoker. Political Trust and Trustworthiness[J], Annu. Rev. Polit. Sci. 2000.

[196]Behn,Robert D. Rethinking democratic accountability, D.C.:Brookings Institution Press,2001.

[197]John Kaler. Responsibility, accountability and governance. Business Ethics: AEuropean Review.Volume11 Number 4 October,2002:327-334.

[198]L.J.Hume. Bentham and Bureaucracy, Cambridge University Press,1981.

[199]Camilla Stivers. Democracy bureaucracy and the study of administration, Westview Press,2001.

[200]Lawrence C Walters, James Aydelotte, Jessica Miller. Putting more public in policy analysis, Public Administration Review. Washington:Jul/Aug,

2000.60(4).

[201]Harold.F.Gortner. Julianne Mahler,etc.Organization theory:a public perspective, Brooks Cole,1989.

[202]Sunghan.Im. Bureaucratic power, democracy and administrative democracy,Ashgate,2001.

[203]Coase, Ronald. The Problem of Social Cost. Journal of Law and Economics, 1960, 3(1):1-44.

[204]Coase,Ronald. The new institutional economics.American Economic Review, 1998,88(2): 72-74.

[205]Coleman, J.S. Constructed Organization, FirstPrinciples. Journal of Law, Economics and Organization,1991,7:7-23

[206]Coleman,J.S. Social Capital in the Creation of Human Capital. American Journal of Sociology,1988,94:S95-S120.